UNIVERSITÉ DE FRANCE. — ACADÉMIE DE NANCY.

DE LA CONDITION

affectant le

TRANSPORT DE LA PROPRIÉTÉ À TITRE PARTICULIER

EN DROIT ROMAIN ET EN DROIT FRANÇAIS

THÈSE POUR LE DOCTORAT

PRÉSENTÉE

A LA FACULTÉ DE DROIT DE NANCY

Par Emmanuel BRIARD

né à Metz (Moselle).

L'acte public sur les matières ci-après sera soutenu le vendredi 19 juin 1868, à trois heures après midi.

Président : M. VAUGEOIS, *Professeur.*

Suffragants :
MM. JALABERT ✵, *Professeur-doyen.*
DE LA MÉNARDIÈRE, LIÉGEOIS, } *Professeurs.*
CAUWÈS, *Agrégé.*

Le Candidat répondra en outre aux questions qui lui seront faites sur les autres matières de l'enseignement.

NANCY

IMPRIMERIE A. LEPAGE, GRANDE-RUE, 14

1868

FACULTÉ DE DROIT DE NANCY

MM. JALABERT ✻,	Doyen, professeur de Code Napoléon.
LOMBARD,	Professeur de Droit commercial.
DE LA MÉNARDIÈRE,	Professeur de Code Napoléon.
VAUGEOIS,	Professeur de Code Napoléon.
LIÉGEOIS,	Professeur de Droit administratif.
DUBOIS,	Professeur de Droit romain.
CAUWÈS,	Agrégé, chargé du cours de Procédure civile et de Législation criminelle.
LYON-CAEN,	Agrégé, chargé d'un cours de Droit romain.

PARINGAULT ✻,	Professeur honoraire.

M. LACHASSE,	Docteur en droit, secrétaire, agent comptable.

La Faculté n'entend ni approuver ni désapprouver les opinions particulières du Candidat. Le visa n'est donné qu'au point de vue de la morale et de l'ordre public (statut du 9 avril 1825, art. 41).

A Mon Père.

A Ma Mère.

Le sujet choisi par nous ne comporte aucune introduction historique ou philosophique. Toutefois nous croyons devoir faire précéder le détail de la matière de quelques mots indispensables pour bien fixer l'étendue et les limites de ce sujet. Nous voulons nous occuper de la condition intervenant dans le transport de la propriété ; ce qui exclut les obligations conditionnelles, le transport conditionnel des droits réels autres que la propriété, et l'acquisition de la propriété sous condition, en supposant qu'une condition puisse affecter un mode primaire d'acquisition de la propriété comme un mode dérivé. Nous écartons aussi le transport conditionnel de la propriété à titre universel, la matière des successions étant toute spéciale, et exigeant des développements spéciaux. Mais dans le domaine restreint du transport conditionnel de la propriété à titre particulier, nous prenons le mot condition dans un sens large, entendant par là tout événement, futur et incertain, à la réalisation duquel est subordonné le transport de la propriété (1). La condition, ainsi définie, doit immédiatement être divisée en condition véritable ou conventionnelle, et en condition improprement dite, ou législative. La première est celle par laquelle les parties, exprimant leur volonté d'une manière formelle, modifient l'acte juridique tel qu'il se présente ordinairement ; la seconde est celle qui, dans la pensée du législateur, fait partie intégrante, essentielle, d'un rapport de droit, qui a été imposée ou supposée par lui d'une manière générale. Il ne faudrait pas croire que la condition est nécessairement une *conditio legis*, parce qu'elle est formulée législativement. Le Code Napoléon contient un grand nombre de textes qui développent les règles, fixent le sens de plusieurs clauses intervenant ordinairement dans les contrats. Ces clauses ne procèdent pas pour cela de la loi ; les règles législatives qui les concernent appartiennent au droit purement supplétif ou interprétatif. Ainsi le réméré, bien que le C. N. en fixe les règles dans ses art. 1659-1673, n'est pas une condition résolutoire législative, mais une véritable condition résolutoire. Par la même raison, ne devraient pas être considérées comme *conditiones legis* les conditions qui feraient bien de par la loi partie intégrante d'un acte juridique, mais

(1) Le mot condition est pris dans un sens encore plus large, en Droit romain dans la règle : *actus legitimi conditionem non recipiunt;* en Droit français, par l'art. 1181, C. N.

que les parties pourraient écarter par une clause formelle. Si en effet elles peuvent l'écarter, quand elles ne l'écartent pas, c'est qu'elles consentent à l'admettre ; c'est donc par leur consentement, et non par la force de la loi, que la condition affecte l'acte juridique. Pour bien faire comprendre la différence qu'il y a entre une *conditio legis* et une condition ordinaire, nous prendrons un exemple dans le droit Romain. En droit Romain, la donation n'est pas un mode de translation de la propriété, ni même un contrat distinct, mais c'est une *justa causa*. Si donc je vous transfère à titre de donation la propriété d'une chose, il y a là un acte juridique complet, qui se suffit à lui-même. Si j'y ajoute la condition que la chose me reviendra si tel événement arrive, je modifie l'acte juridique tel qu'il se présente ordinairement ; cette condition est une véritable condition conventionnelle, et je puis lui attribuer tous les effets qu'il me plaira, autres que ceux qui seraient formellement prohibés par le législateur. Mais je suppose qu'en vous transférant la propriété de ma chose, je n'aie pas eu l'intention de vous faire une donation, mais seulement de vous obliger à me donner vous-même une autre chose, ou à me rendre la mienne dans un certain délai. La *datio* ou la *restitutio* que je stipule de vous est la seule *causa* qui justifie le transport de propriété que je vous ai fait. Elle fait partie intégrante de l'acte juridique, qui ne serait pas complet sans elle. C'est donc une *conditio legis*, que les parties ne peuvent ni supprimer, ni remplacer par une condition conventionnelle. Quel intérêt y a-t-il à distinguer les *conditiones legis* et les conditions conventionnelles? Les *conditiones legis* ne sont pas des conditions (1). Nous en trouvons de nombreuses applications en droit Romain. Par exemple, les legs dépendant d'une institution d'héritier faite sous condition, comme d'une substitution vulgaire ou pupillaire, sont de par la force de la loi soumis à la même condition que l'institution elle-même ; cette *conditio legis* les laissera cependant purs et simples, et ils n'en auront pas moins leur *dies cedens* au jour du décès du testateur (2). Presque toutes les conditions résolutoires *legis* en droit Romain n'agissent que comme de simples obligations *ad retradendum;* au contraire, en droit Français, les résolutions établies par la loi agissent en principe *ipso jure*, et rétroactivement. Les parties peuvent, si elles le veulent, exprimer formellement les *conditiones legis*, mais sans pouvoir les transformer ainsi en conditions véritables (3). Il est une autre division des conditions qui ne se confond pas avec la précédente. Les conditions sont expresses ou tacites : elles sont expresses lorsque les parties les ont exprimées for-

(1) L. 99, D. de condit. et demonstr. (35, 1).

(2) LL. 1, 7, § 3, D. Quando dies legat. (36, 2).

(3) L. 107, D. de condit. et dem. (35, 1). — LL. 21, § 1, 22, § 1, D. Quando dies legat. (36, 2).

mellement, qu'il s'agisse d'une véritable condition ou d'une *conditio legis ;* elles sont tacites lorsqu'elles résultent de la nature de l'acte lui-même (*conditiones legis*), ou de l'intention des parties non expressément manifestée (*conditions conventionnelles*). Je ne connais qu'un intérêt à cette seconde division : certains actes qui, en droit Romain, sont viciés par une condition formellement exprimée, conventionnelle ou législative, ne le sont pas par une condition sous entendue. C'est à cela que s'applique principalement la maxime : *expressa nocent, non expressa non nocent*, exprimée dans la L. 77, *in fin., D. de regulis juris*. On trouve des applications de cette règle dans les L. 43, *pr. D. de jure dot.* (23, 3), L. 16, *D. de manumissionibus* (40, 1).

Notre plan est tracé tout naturellement : nous consacrons un chapitre au droit Romain, et un chapitre au droit Français. Dans chacun de ces chapitres, nous examinerons successivement ce qui a trait à la condition suspensive, et ce qui a trait à la condition résolutoire. Pour cela, nous passerons en revue tous les modes de translation de la propriété, en examinant tour à tour les effets de la condition conventionnelle, et ceux des principales *conditiones legis*, qu'elles opèrent *ipso jure* et rétroactivement, ou comme de simples rétrocessions. Mais nous ne nous occuperons pas des rétrocessions conventionnelles.

DROIT ROMAIN

CONDITION SUSPENSIVE.

Rien ne s'oppose en droit Romain à ce que l'on transfère la propriété sous condition suspensive. Mais peut-on se servir pour cela de tous les modes de translation de la propriété? c'est là une autre question. Les manières d'acquérir du droit civil constituent toutes des *actus legitimi;* or *actus legitimi conditionem non recipiunt.* Les modes du droit civil étant nécessaires jusqu'à Justinien pour transférer le *dominium ex jure quiritium* des *res mancipi*, il en résulte que, jusqu'à Justinien, le *dominium ex jure quiritium* de ces choses n'a pu être transmis sous condition suspensive, à moins que l'aliénateur ne fût un pérégrin (1). Restent les

(1) Arg., § 47, Fragm. Vatic.

modes du droit naturel, ou plutôt un seul mode du droit naturel (les autres étant des manières d'acquérir et non de transmettre la propriété), la tradition, à laquelle il faut joindre le legs *per vindicationem*.

I. TRADITION. — La tradition, soit qu'elle ait pour effet, dans le droit classique, de transmettre le *dominium ex jure quiritium* d'une *res nec mancipi*, ou d'une *res mancipi*, si le *tradens* est un pérégrin, ou bien de transmettre l'*in bonis* d'une *res mancipi* entre toutes personnes, dans le droit de Justinien de transmettre la propriété de n'importe quelle chose entre toutes personnes, la tradition dans tous ces cas admet également la condition suspensive ; c'est-à-dire qu'on peut, en faisant tradition d'une chose à un tiers, convenir que la propriété ne lui en sera transférée, par exemple que si tel événement arrive. Nous allons donner quelques exemples de conditions semblables, sans mettre à part les conditions suspensives qui ne sont pas de véritables conditions, mais des *conditiones legis*. Nous consacrerons seulement un paragraphe spécial à ces dernières, en tant qu'elles interviennent dans les *actus legitimi*.

A. MUTUUM. — Nous trouvons en matière de *mutuum* des cas où il y a tradition de deniers et où la propriété de ces deniers n'est transférée que sous condition suspensive. C'est ainsi que dans la L. 4, *pr. D. de reb. credit.* (12, 1), nous voyons une personne, allant en voyage, déposer de l'argent chez un ami, en convenant que celui-ci usera de cet argent à titre de prêt, s'il achète une propriété qu'il se propose d'acheter. Du reste le *mutuum*, se formant par une translation de propriété, suppose que le *tradens* est propriétaire. Si donc le prêteur n'a qu'une propriété *in pendenti*, le *mutuum* se trouve virtuellement soumis à la condition suspensive *si creditor nummorum dominus fiet*. C'est ce qui a lieu par exemple quand un héritier a prêté de l'argent dépendant de la succession, et dont le testateur a disposé par legs. L'héritier est-il ou non propriétaire ? On ne le saura que quand le légataire aura fait connaître sa volonté ; car, s'il répudie, sa renonciation a un effet rétroactif (1). Seulement, comme cette condition est une *conditio legis*, elle n'obéira pas aux règles ordinaires de la condition suspensive : notamment le transport de la propriété rétroagira au jour de la tradition, si la condition s'accomplit, tandis que dans le premier cas le transport de la propriété ne datera que du jour de l'événement de la condition.

B. Paiement consistant en une datio. — Quand il s'agit d'une obligation de *dare*, la *solutio* peut

(1) L. 8, D. de reb. credit. (12, 1.) et L. 15, D. de reb. dub. (34, 5).

être conditionnelle, comme toute *datio*. Le payement anticipé d'une obligation conditionnelle, fait à bon escient, est même nécessairement soumis à une condition tacite. Il peut aussi être expressément fait sous condition. La condition aurait-elle en ce cas un effet rétroactif ? On peut le soutenir en admettant l'explication de Pothier sur la L. 16 *D. de solut. et liber.* (46, 3). Ce texte suppose qu'un débiteur sous condition fait immédiatement *datio* à son créancier ; si la condition se réalise, la *datio* aura eu lieu à titre de payement, sinon ce sera une donation. Mais une objection se présente : pour qu'il y ait un payement, il faut que le débiteur soit propriétaire de la chose payée. Or ici, au moment où la condition se réalise, il ne l'est plus. Comment y répondre ? Le jurisconsulte n'y répond pas. Suivant Pothier (1) la réponse se trouve dans la rétroactivité de la condition accomplie, en vertu de laquelle le payement est reporté, en droit, au moment de la tradition. Mais il resterait encore à expliquer, disent les contradicteurs de Pothier, comment le transport de propriété à titre de donation pourrait être résolu rétroactivement par l'arrivée d'une condition. Cela ne présente aucune difficulté pour nous, qui admettons l'effet rétroactif de la condition résolutoire. Il y a donc ici une exception aux règles générales sur la non rétroac-

(1) Pandect., ad. tit. de solut., n° 70.

tivité de la condition suspensive, résultant de la juxtapposition d'une condition résolutoire. C'est ce qui a lieu en cas de translation de propriété sous condition résolutoire, si l'on admet que l'aliénateur reste propriétaire sous condition suspensive. Il n'y a donc aucune inconséquence à admettre la rétroactivité de la condition résolutoire et à ne pas l'admettre pour la condition suspensive; d'autant mieux que, quand même le *tradens* sous condition résolutoire serait propriétaire sous condition suspensive, sa situation n'est pas la même que celle de *l'accipiens* sous condition suspensive : il n'est pas en possession, et cette différence de situation suffit parfaitement à rendre compte des différences juridiques qu'il peut y avoir entre les deux cas.

C. Donatio mortis causa. — On sait que la donation à cause de mort pouvait être également faite sous condition suspensive ou sous condition résolutoire : sous condition suspensive, si l'on faisait immédiatement tradition au donataire, en convenant que la propriété ne lui serait acquise qu'au décès du donateur. Ce moyen était même le seul qu'on pût employer, si la *donatio mortis causa* était faite par un époux à son conjoint (1). Dans le doute, il

(1) Toutefois, comme nous le verrons plus loin, le résultat était bien différent, selon qu'en faisant cette donation, que la loi déclarait ne pouvoir valoir que sous condition suspensive, les parties avaient manifesté l'intention de transférer la pro-

faut présumer que la donation à cause de mort est faite sous condition résolutoire (1).

D. Donatio ante nuptias. — De même que la mort du donateur dans la *donatio mortis causa*, la réalisation du mariage peut jouer le rôle de condition suspensive dans les donations faites *ante nuptias*, comme aussi la survie du donateur et la non réalisation du mariage jouent le rôle de condition résolutoire. C'est ce qu'on peut voir dans la L. 7, § 3, *D. de jure dotium* (23, 3.) Mais il fallait que cette condition eût été expressément stipulée, autrement la donation serait restée valable, quand même le mariage n'aurait pas eu lieu. C'est ce qui résulte des LL. 1, 14, *C. de donat. ante nupt.* (5, 3). Constantin, dans les constitutions qui forment les LL. 15 et 16, *C. eod. tit.*, décida que ces donations seraient soumises en principe à la condition *si nuptiæ sequantur*, sauf certaines distinctions que nous ne voulons pas examiner. Il ne faut pas confondre ces libéralités avec les donations *ante* ou *propter nuptias*, qui constituent une contre-dot plutôt qu'une véritable donation, et ne peuvent émaner que du mari. Celles-ci étaient toujours avant Justinien, et depuis Justinien, quand elles étaient faites avant le mariage, soumises à la condi-

priété immédiatement, ou de ne la transférer qu'à la mort du donateur.

(1) Savigny, T. du droit Romain, n° 170.

tion tacite *si nuptiæ sequantur.* (*Inst.*, § 3, *de donat.* 2, 7.)

E. Donation entre époux. — Le sénatus-consulte de Septime Sévère, en permettant les donations entre époux, les soumit à la condition suspensive : si l'époux donateur meurt sans révoquer la donation. C'est bien là une condition suspensive, et non pas une condition résolutoire ; car l'époux donateur a beau faire immédiatement tradition à son conjoint, la propriété n'est jamais transférée à ce dernier tant que le donateur est encore vivant. C'est ce qui résulte notamment des LL. 36, § 1 et 32, § 1, *D. de donat. int. vir. et ux.* (24, 1). Cette dernière suppose que c'est à la mort du donateur que s'opère *ipso jure* le transport de la propriété au donataire, s'il a été fait tradition auparavant ; ce qui nous indique que jusqu'alors la propriété n'avait pas été transférée, et que c'est bien là une condition suspensive. Seulement, la translation de propriété opère-t-elle rétroactivement à partir du jour de la tradition ? La L. 25, *C. de donat. int. vir. et ux.* (5, 16) décide formellement l'affirmative. Ce texte dit qu'il y aura rétroactivité à partir du jour de l'insinuation, parce que, dans le droit de Justinien, les donations qui dépassent 500 solides ne sont valables que si elles ont été insinuées ; mais peu importe. Cependant on a voulu douter de la rétroactivité : on a prétendu qu'elle ne pouvait pas se concilier avec l'application de la Falcidie aux donations, entre époux. Cujas a parfaitement répondu à cette objection : la donation, dit-il, a été originairement entre vifs ; mais, ayant besoin d'être confirmée par la mort du donateur, elle peut être envisagée comme donation à cause de mort pour souffrir la Falcidie. L'assimilation des donations entre époux aux fidéicommis n'était pas complète, et était même repoussée par Ulpien, comme on le voit dans la L. 68, *D. de legatis* 2°.

F. VENTE. — La tradition qui a lieu en exécution d'un contrat de vente n'opère jamais également qu'une translation de propriété sous condition suspensive. La propriété de la chose vendue n'est transférée à l'acheteur qu'au moment où il paie son prix ou fournit une sûreté au vendeur. *Venditæ res et traditæ*, dit Justinien, *non aliter emptori adquiruntur quam si is venditori pretium solverit, vel alio modo ei satisfecerit, veluti expromissore aut pignore dato* (1). La question de savoir si cette règle vient de la loi des XII tables, comme le prétend Justinien, est une question historique qui n'a pas de rapports assez directs avec notre sujet pour que nous l'examinions. Mais il n'y a là qu'une présomption, qui disparaîtra toujours devant la preuve d'une volonté contraire. L'acheteur sera toujours

(1) Inst., § 41 (1re phrase), de divisione rerum.

admis à faire cette preuve, et il la fera en montrant que le vendeur a suivi sa foi, par exemple lui a accordé un terme pour le paiement du prix. *Si is qui vendidit fidem emptoris secutus est,* continue Justinien, *dicendum est statim res emptoris fieri.* Mais cette nouvelle présomption ne pouvait-elle pas être écartée par la volonté des parties? Le vendeur ne pouvait-il pas, tout en faisant immédiatement tradition à l'acheteur, et en lui accordant un terme pour le paiement du prix, faire que la propriété ne lui fût pas immédiatement transférée? Il le pouvait d'abord au moyen du *precarium*, qui, nous le savons, intervenait très souvent dans la vente. La possession transférée à l'acheteur n'était plus alors la possession à titre de propriétaire, mais une *possessio precaria*, résultant d'un *precarium*. Il en résultait que la propriété n'était pas transférée par la tradition, et que le vendeur, malgré le crédit accordé à l'acheteur, pouvait, quand il le voulait, rentrer en possession de sa chose au moyen de la revendication. Mais nous croyons que le vendeur avait encore, pour arriver au même résultat, un autre moyen, le *pactum reservati dominii*. Ce pacte, nous le savons, intervenait fréquemment dans les transports de propriété, surtout en matière de vente ; mais il n'y a aucun texte qui nous instruise sur sa nature et ses effets. Aussi ce point est-il encore aujourd'hui l'objet de controverses. Cependant on peut dire que la discussion se réduit aujourd'hui à la question de savoir si ce pacte agissait comme condition suspensive ou comme condition résolutoire. Müller, dont l'opinion est rapportée par M. de Vangerow (1), nie qu'on puisse le prendre comme condition suspensive. Ou bien, dit-il, le vendeur n'est pas payé et ne suit pas la foi de l'acheteur, et alors il n'a pas besoin de se réserver la propriété, car la loi la réserve pour lui, ou bien le vendeur est payé, ou, ce qui revient au même, suit la foi de l'acheteur en lui accordant un terme pour le paiement, et alors il fait une chose absurde en se réservant la propriété, car il se contredit, il retire d'une main ce qu'il donne de l'autre. En conséquence Müller prétend que le *pactum reservati dominii* agit toujours comme condition résolutoire. Mais alors, lui objecte-t-on, il se confond avec la *lex commissoria.* Non, répond Müller, la *lex commissoria* suppose nécessairement la fixation d'un délai, passé lequel, si le prix n'est pas payé, la vente sera résolue. Tandis que par le *pactum reservati dominii,* le vendeur veut seulement s'assurer une ressource pour le cas où *un jour* il ne serait pas payé. C'est seulement quand le paiement devient impossible, par exemple par suite de l'insolvabilité de l'acheteur, qu'il y a ouverture de la condition résolutoire. Mais d'abord il n'est pas vrai de dire que le *pactum reservati dominii,* agissant comme condition suspensive, serait superflu ou

(1) Lehrbuch, t. I, p. 569.

absurde. Quand le vendeur accorde un crédit à l'acheteur, il y a là deux choses qui ne sont nullement indivisibles : premièrement, chose principale et essentielle, il manifeste formellement l'intention de ne pas être payé immédiatement ; secondement, il consent néanmoins à ce que la propriété soit transférée immédiatement à l'acheteur. Mais ce n'est là qu'une présomption de la loi qui peut disparaître sans que l'effet principal et direct du *Kreditvertrag*, à savoir la fixation d'un délai pour le paiement du prix, disparaisse en même temps. Nous croyons donc avec M. de Vangerow (1) que le *pactum reservati dominii* peut agir comme condition suspensive, et que c'est même en ce sens qu'il faut l'entendre quand les parties ont dit simplement qu'elles faisaient un *pactum reservati dominii* sans s'expliquer autrement. Mais s'il résulte des paroles employées par les parties que leur intention a été de faire jouer au *pactum reservati dominii* le rôle d'une condition résolutoire, nous croyons qu'alors ce pacte coïncide entièrement avec la *lex commissoria*, car la distinction établie par Müller n'est nullement justifiée par les textes.

Avant de traiter en général des effets du transport de la propriété sous condition suspensive, demandons-nous si l'on peut stipuler toute espèce de condition. On ne peut transférer la propriété sous

(1) Loco citato.

des conditions illicites ou immorales, appelées aussi mais à tort, conditions moralement impossibles (1). Mais plusieurs distinctions sont nécessaires : je suppose que je fasse tradition d'une chose à un tiers à condition que la propriété lui en sera transférée si lui *accipiens* commet un crime, ou si moi *tradens* je ne commets pas un crime ; tout est nul, j'ai la revendication, quand même la condition se serait réalisée. Maintenant je suppose l'inverse : je fais tradition d'une chose à un tiers à condition que la propriété lui en sera transférée si lui *accipiens* ne commet pas un crime, ou si moi *tradens* j'en commets un. Au premier abord, il semblerait que cela dût être valable puisque dans les deux cas celui qui commettra le crime, outre le châtiment infligé par la loi, sera encore puni par la perte de sa chose. Mais ici encore tout est nul, parce que c'est insulter la loi que de supposer que la coercition légale n'est pas suffisante pour empêcher de commettre les crimes. Toutefois, si, dans cette seconde hypothèse, il s'agit non plus d'un fait incriminé par la loi positive, mais d'un acte simplement immoral, l'opération vaudra entièrement : par exemple, si je vous livre une chose à condition que la propriété vous en sera transférée si moi *tradens* je m'adonne à l'ivrognerie, ou si vous

(1) Nous ne parlons pas des conditions physiquement ou juridiquement impossibles : elles ne constituent pas des événements futurs et incertains, et par conséquent ne rentrent pas dans notre définition.

accipiens vous cessez de vous adonner à l'ivrognerie. Il ne faut pas confondre la condition illicite ou immorale négative avec la négation d'une condition illicite ou immorale. Par exemple, je livre une chose à un juge à condition que la propriété lui en sera transférée s'il ne juge pas contre la justice dans ma cause, ou, ce qui revient au même, s'il juge selon la justice dans ma cause. C'est là la négation d'une condition immorale. On pourrait croire au premier abord qu'il faut ici effacer la condition, et rendre la translation de propriété pure et simple ; mais ce serait une erreur. Ici encore tout est nul, parce que l'opération en soi est immorale : elle constitue une tentative de corruption (1). Maintenant, si je suppose que la condition immorale ou illicite, affirmative ou négative, ne regarde ni la personne du *tradens*, ni celle de l'*accipiens*, mais la personne d'un tiers, étranger à l'opération juridique, la tradition est parfaitement valable, et la condition étant une véritable condition, la propriété sera transférée quand elle se réalisera. Toutes ces règles ne sont pas écrites dans les textes spécialement pour le transport de la propriété ; mais entre la théorie des obligations et celle du transport de la propriété, l'identité de principes est ici manifeste. — Il est un cas de transport conditionnel de la propriété par tradi-

(1) Arg. d'analogie, L. 2, § 2, D. de condict. ob turp. caus. (12, 5).

tion qui, parfaitement possible à l'origine, se trouva ensuite défendu par la loi. Je veux parler de la *lex commissoria* en matière de gage. Le débiteur faisait tradition d'une chose à son créancier, en convenant que celui-ci, s'il n'était pas payé à l'échéance, deviendrait *ipso jure* propriétaire de la chose. C'était donc bien un cas de tradition conférant la propriété sous une condition suspensive, sous la condition de n'être pas payé. Ce pacte, paraît-il, avait amené de graves abus : il était fréquemment employé par les usuriers. Aussi, Constantin le prohiba-t-il par une constitution de l'année 326, qui forme au Code la L. 3 (8, 35). Mais le pacte, joint à une tradition, par lequel il a été convenu entre le créancier et le débiteur que, si celui-ci ne satisfait pas dans un certain temps, le créancier aura le gage pour sa juste valeur, ce pacte, qu'Antonin le Pieux qualifiait dans un rescrit de vente conditionnelle, reste parfaitement valable. L. 16, § 9, *D. de pign.* et *hyp.* (20, 1).

Effets de la condition suspensive. — Il est d'abord certain que tant que la condition ne se réalise pas, c'est le *tradens* qui demeure propriétaire. L. 7, § 3, *De jure dotium, D.* (23, 3). L. 2, § 5, *D. de donat.* (39, 5). L. 2, *in fin., D. de mortis causa donat.* (39, 6). Donc, *pendente conditione,* le *tradens* seul a la revendication; telle est la décision que les L. 66, *D. de rei vindicatione* (6, 1), et L. 205, *D. de re-*

gulis juris donnent d'une manière générale, et que la L. 29, *D. de mort. caus. donat.* applique spécialement à la donation à cause de mort. Cette revendication pourra dans la plupart des cas avoir lieu contre l'*accipiens* lui-même, car, en lui conférant la possession de la chose, le *tradens* ne lui a pas transféré la propriété, l'intention des parties n'étant pas de la transférer immédiatement; ainsi, dans l'hypothèse d'une tradition faite *ex causa venditionis*, quand le vendeur n'a pas été payé, ou n'a pas suivi la foi de l'acheteur. Mais la revendication pourra être paralysée par une exception toutes les fois que la volonté des parties aura été que l'*accipiens* restât en possession *pendente conditione*. Nous en avons un exemple dans la L. 7, § 3, *D. de jure dotium*.

Mais quel est le caractère de cette possession conférée à l'*accipiens pendente conditione?* Est-ce une simple détention, une *possessio ad interdicta,* ou même une *possessio ad usucapionem?* D'abord, il est certain que l'*accipiens* n'a pas la *possessio ad usucapionem*. Les L. 4, pr. *D. de in diem addict.* (18, 2). L. 8, pr. *D. de peric. et comm. rei vend.* (18, 6), relatives à la vente, la L. 1, § 2, *D. pro dote* (41, 9), et le § 3 *fragm. Vatic.* relatifs à la *traditio dotis causa,* sont formels sur ce point. Mais quelle est au juste la portée de cette règle? Incontestablement elle s'applique au cas où la condition vient à défaillir; car alors, tout étant effacé, l'*acci-*

piens est considéré comme n'ayant jamais eu une *justa causa possidendi.* Mais *quid* si la condition s'accomplit? Si nous admettions l'effet rétroactif de la condition suspensive, la logique nous forcerait à dire : si le *tradens* eût été propriétaire, l'*accipiens*, la condition une fois accomplie, aurait acquis la propriété dès l'instant de la tradition. La rétroactivité qui a lieu pour la propriété doit évidemment avoir lieu pour la *justa causa;* par conséquent, si le *tradens* n'était pas propriétaire, l'*accipiens*, la condition accomplie, devra être considéré comme ayant commencé à usucaper du jour de la tradition : dès ce jour, en effet, il a réuni les trois éléments de l'usucapion, la possession, la *justa causa,* et, nous le supposons, la bonne foi.

Mais, comme on le verra plus loin, nous n'admettons pas la rétroactivité en cette matière. La logique ne nous force donc point à établir une exception évidemment contraire aux textes, qui ne distinguent pas, et qui, nous le croyons, ont surtout en vue le cas où la condition se réalise. Cela résulte du § des *fragm. Vatic.* cité plus haut; on y lit : *potuisse eum... post nuptias, ante non usucapi.* De même, la L. 2, § 2, *D., pro emptore* (41,4) se demande quelle influence peut avoir sur l'usucapion la connaissance ou l'ignorance dans laquelle se trouve l'*accipiens* au sujet de la réalisation de la condition; question évidemment oiseuse, si la réalisation de la condition n'est pour rien dans le point de départ de l'usucapion. Le jurisconsulte se demande si l'usucapion doit courir du jour de la réalisation de la condition, ou bien du jour où l'*accipiens* en aura eu connaissance, ce qui implique bien qu'à ses yeux l'usucapion, sans aucun doute, ne courait pas du jour de la tradition. Donc, même dans le cas où la condition se réalise, nos textes disent que l'usucapion ne courra que du jour de la tradition, ce qui peut servir d'argument contre la théorie de la rétroactivité. Toutefois l'acquéreur pourra joindre à sa possession celle de l'aliénateur, pourvu que celui-ci soit lui-même *in causa usucapiendi*, sans quoi l'intervalle de la tradition à l'événement de la condition serait forcément perdu pour l'usucapion. — Si l'*accipiens* n'a pas la *possessio ad usucapionem*, a-t-il au moins la *possessio ad interdicta ?* Nous le croyons, bien que la négative ait été vivement défendue. L'intention ordinaire des parties est évidemment, en faisant la tradition, de charger l'*accipiens* d'exercer les interdits. La tradition est, de sa nature, le déplacement de la possession ; les parties peuvent lui donner une autre signification, mais il faut qu'elles s'en expliquent formellement ; on ne doit pas le présumer. Si la tradition ne devait avoir d'autre effet que de rendre l'*accipiens* simple détenteur, à quoi bon la faire tout de suite ? On aurait retardé l'opération juridique tout entière jusqu'après l'événement de la condition. Aucun texte, du reste, ne tranche la question. La L. 38, § 1er, *D. de acquir.*

possess. (41,2), invoquée dans l'opinion contraire, signifie simplement que la tradition, quand elle a pour but le transport de la possession, peut être subordonnée à une condition, aussi bien que quand elle tend au transport de la propriété. Lui faire dire autre chose serait une interprétation tout à fait arbitraire. Mais nous pouvons, en faveur de notre propre système, tirer un argument inductif de certains textes cités plus haut. Il résulte du § III *fragm. Vatic.*, que l'usucapion est impossible *pendente conditione* au profit de l'*accipiens*, parce qu'il n'y a pas de *justa causa.* Si l'empêchement est l'absence de *justa causa,* ce n'est pas l'absence de possession. C'est donc que l'*accipiens* est en possession. Le refus de la revendication au *tradens* contre l'*accipiens*, qui a lieu dans certains cas, vient de même à l'appui de notre opinion ; comment celui contre qui l'on ne peut revendiquer se trouverait-il désarmé contre un trouble de fait émanant, par exemple, de celui-là même qui ne peut pas revendiquer contre lui? Nous croyons donc que l'*accipiens pendente conditione* a une véritable possession. Ce sera là un cas où la *possessio ad interdicta* appartiendra à une personne, tandis que la *possessio ad usucapionem* appartiendra à un autre. Nous ne voyons aucune bonne raison pour abandonner notre opinion dans un cas particulier, celui où le vendeur non payé a fait tradition de la chose. L'emploi fréquent du *precarium*, en matière de vente, qui, dit-on, ne peut avoir lieu que pour conférer à l'acheteur les interdits qu'il n'aurait pas sans lui, s'explique suffisamment par l'extension apportée aux droits du vendeur, qui, nous l'avons vu, a ainsi plus de facilité pour rentrer en possession de la chose.

Après avoir examiné quels droits la tradition conditionnelle confère à l'*accipiens pendente conditione,* il faut voir quels sont ceux qu'elle enlève au *tradens.* La tradition, irrévocable comme telle, soustrait à la volonté de l'aliénateur l'opération juridique, qui désormais ne dépend plus que de la condition. Ainsi, le *tradens* ne pourra plus faire les actes qui aboutiraient, en raison de leur caractère d'irrévocabilité, à une disposition définitive de la chose livrée sous condition. S'il s'agit d'un esclave, il ne pourra pas l'affranchir, et, s'il s'agit d'un terrain, il ne pourra pas en faire un *locus religiosus*(1). Quant aux actes qui n'ont pas ce caractère d'irrévocabilité, le *tradens* pourra les faire, seulement ils seront nécessairement subordonnés à la même condition que le droit du *tradens.*

Du principe que nous venons de poser, à savoir que l'opération juridique est soustraite à la volonté de l'aliénateur, et que la translation de propriété se consommera malgré lui à l'arrivée de la condition, il résulte que son décès, survenu *pendente condi-*

(1) Les textes, que nous citerons, sont relatifs aux legs, mais les principes sont les mêmes dans les deux matières.

tione, ne saurait avoir aucune influence sur le transport de la propriété. C'est en effet ce que décide Julien dans la L. 2, § 5, *D. de donat.* (39, 5). Ulpien était-il d'un avis contraire dans la L. 9, § 1, *D. de jure dot.* (23, 3)? Que le tempérament admis par la fin de ce texte soit du jurisconsulte ou des compilateurs du Digeste, peu importe : il n'en résulte pas moins du commencement de la loi qu'en règle générale Ulpien aurait cru le transport de propriété impossible à l'arrivée de la condition, si à ce moment l'aliénateur n'existait plus. Mais il serait bien singulier qu'Ulpien, dont les idées sont toujours en avance sur celles des autres jurisconsultes, et qui cherche toujours à faire prévaloir l'équité, eût été ici en retard sur Julien, et eût soutenu une décision rigoureuse que ne justifiaient en rien les principes généraux. Je crois donc avec M. Bufnoir qu'Ulpien parlait de *mancipatio* ou d'*in jure cessio* là où les rédacteurs du Digeste ont maladroitement substitué la tradition. Nous verrons en effet qu'en matière d'*actus legitimi* les principes étaient différents.

Voyons maintenant ce qui se passe au moment où la condition se réalise. La propriété est à ce moment transférée à l'*accipiens ipso jure*, sans qu'il y ait besoin d'une nouvelle tradition ou d'un nouvel accord de volontés. Qu'on ne croie pas qu'il y ait là quelque chose de contraire aux principes fondamentaux du droit Romain : ce n'est pas l'événement de la condition, fait immatériel, qui opère à lui seul la translation de propriété; les deux éléments nécessaires à la translation de la propriété, l'élément matériel, la tradition, et l'élément intellectuel, la volonté des parties, concourent ici; seulement ils sont intervenus successivement. C'est la même chose que ce qui se passe au cas où *rem quam tibi aliquis commodavit aut locavit aut apud te deposuit, vendiderit tibi aut donaverit : quamvis enim ex ea causa tibi eam non tradiderit, eo tamen ipso quod patitur tuam esse, statim tibi adquiritur proprietas, perinde ac si eo nomine tradita fuisset* (1). Seulement, qu'on ne s'y trompe pas, c'est au moment de l'arrivée de la condition et non au moment de la tradition que s'opère cette réunion des deux éléments : ce n'est pas l'intention des parties qui est reportée en arrière, c'est la tradition qui est prolongée en avant; en d'autres termes, il n'y a pas rétroactivité.

Ainsi, en effet, doit se résoudre, d'après nous, cette question controversée. Non pas que nous acceptions tous les arguments qu'on fait valoir en faveur de notre opinion. Ainsi, l'on dit généralement : toute condition suspensive contient nécessairement un terme; les parties ont entendu que la propriété ne serait transférée qu'à telle époque, et, nouvelle restriction, seulement si tel événement a lieu à cette épo-

(1) Inst., § 4, de divis. rer.

que. La rétroactivité peut bien effacer cette seconde restriction à la propriété de l'*accipiens,* mais non pas la première. Nous croyons que cette proposition est trop absolue: c'est, avant tout, une question d'interprétation de volonté, et même si l'on se place à un point de vue purement théorique, il faudrait dire que le plus souvent, dans l'intention des parties, la condition suspensive ne renferme nullement un terme. Si les parties avaient voulu que la propriété ne fût, en tous cas, transférée qu'à l'événement de la condition, elles auraient attendu ce moment pour faire la tradition. Si elles ont fait la tradition immédiatement, c'est que, dans leur pensée, c'est tout l'un ou tout l'autre : ou bien l'*accipiens* n'aura jamais été propriétaire si l'événement ne se réalise pas, ou bien, s'il se réalise, il devra être propriétaire à partir de l'instant où la tradition est intervenue. On peut donc dire qu'en elle-même la condition suspensive n'a rien de commun avec un terme; c'est même, en quelque sorte, le contraire d'un terme. On fait remarquer ensuite que les textes par exemple, les **L. L.** 1 pr., 2, § 5, *D. de donat.* (39,5), ne se contentent pas de dire : la propriété passe à l'acquéreur par l'arrivée de la condition, formule qui n'exclurait pas la rétroactivité, mais ils disent : la propriété passe à l'acquéreur seulement (*tunc demum*) à l'arrivée de la condition. Cela n'est pas suffisamment probant, car il est possible que ces textes veuillent dire tout simplement que l'*accipiens* ne devient pas immédiatement propriétaire par l'effet de la tradition ; ils peuvent ne signifier rien de plus que les L. 7, § 3, *de jure dot. D.* (23,3), L. 2, *in fin. D. de mort. caus. donat.* (39, 6) citées plus haut. Toutefois, ces textes deviennent plus probants si on les rapproche de la L. 11, pr. *D. de donat. int. vir. et ux.* (24,1) qui, elle, est suffisamment claire : elle suppose l'arrivée de la condition, et dit formellement : *medio tempore dominium remanet apud eum qui donavit.* Les paragraphes qui suivent fixent encore mieux la règle, en nous faisant savoir qu'elle recevait une exception dont nous parlerons plus loin. Voudrait-on invoquer, dans le sens de la rétroactivité, le principe suivant lequel la mort du *tradens*, survenue *pendente conditione* n'empêche pas la propriété d'être transférée au moment où la condition se réalise ? Mais nous avons vu que ce principe s'expliquait par cette idée bien simple : l'opération juridique est désormais soustraite à la volonté de l'aliénateur, et ne dépend plus que de l'événement de la condition. On a invoqué aussi l'extinction des charges consenties sur la chose par l'aliénateur *pendente conditione.* Mais ce n'est pas là non plus un effet de la rétroactivité : le *tradens pendente, conditione*, est et reste seul, unique propriétaire ; il peut consentir des charges réelles ; seulement son droit de propriété est soumis à une possibilité de révocation future. Si la condition se réalise, ces charges, valablement consenties à l'origine, tombent par application de la règle : *resoluto jure dantis, resolvitur et jus accipientis.* S'il y avait vraiment rétroactivité, non-seulement le *tradens*, propriétaire de la chose sous condition résolutoire, pourrait consentir sur cette chose des droits révocables, mais les droits consentis avant l'arrivée de la condition par l'*accipiens,* propriétaire sous condition suspensive, devraient être validés par l'arrivée de la condition ; or, c'est ce qui n'a pas lieu. Nous voyons, en effet, dans la L. 11, § 9, *D. de donat. int. vir. et ux.* (24,1) une femme qui a reçu de son mari une donation à cause de mort sous condition suspensive, faisant tradition de la chose donnée à un tiers. *Nihil agitur ex traditione.* Cette tradition sera considérée comme faite à *non domino,* malgré l'arrivée ultérieure de la condition. De même l'acquéreur ne pourrait pas léguer la chose *per vindicationem* dans un testament antérieur à l'événement de la condition. — Comment concilierait-on la rétroactivité avec la règle qui veut que, lorsqu'une tradition conditionnelle a été faite à un esclave ou à un fils de famille, la propriété leur soit acquise, s'ils sont libres au moment de l'accomplissement de la condition ? Mais cette règle existe-t-elle ? La solution dont nous parlons est écrite dans la L. 11, § 2-6, *D. de donat. int. vir. et ux.;* mais ne serait-ce pas une règle toute particulière aux donations *mortis causa,* comme semblent l'indiquer et sa place dans la loi 11, et les termes dont se sert cette loi : *Quando itaque non retroagatur donatio, emergunt vitia.* Que peuvent être ces *vitia*, sinon des dérogations au droit commun des traditions conditionnelles ? La donation à cause de mort a cela de particulier qu'elle peut toujours être révoquée au gré du donateur. Dès lors, on ne peut guère parler d'un droit quelconque existant au profit du donataire avant le décès du donateur. Enfin, c'est la ressemblance de la donation à cause de mort avec les legs, dans lesquels le *dies cedit* n'a lieu qu'à l'arrivée de la condition, qui fait que l'esclave, à qui une telle donation a été faite, acquiert pour lui-même, s'il est libre à la mort du donateur. Telle est l'argumentation assez pressante de M. Fitting. Mais nous croyons qu'elle est trop contraire aux termes de la loi 11 pour pouvoir être admise. Qu'on donne, en effet, au mot *vitia* le sens qu'on voudra, il n'en résulte pas moins des deux membres inséparables de la phrase citée, que ce qui fait émerger ces *vitia*, c'est la non-rétroactivité. C'est donc à un principe général, la non-rétroactivité, et non pas à une spécialité de la donation à cause de mort, que se trouve rattachée notre règle. De même, le jurisconsulte dit : *consequens esse dici traditionem valere.* Il est conforme de décider que la tradition est valable. Conforme à quoi ? Apparemment aux principes généraux. S'il y avait eu là une exception aux principes généraux, on l'aurait justifiée en faisant ressortir les particularités de la donation à cause de mort.

Toutefois, pour que la règle s'applique à toute tradition conditionnelle, il faut supposer que le *tradens* agit *contemplatione servi vel filii*, ce qui a toujours lieu en cas de legs ou de donation *mortis causa*, mais ce qui pourrait ne pas arriver en cas de tradition. De la généralité de notre règle nous conclurons que si une tradition a été faite à un enfant émancipé qui vient, *pendente conditione*, recueillir en concours avec ses frères demeurés *in patria potestate*, la succession paternelle, il ne devra pas être soumis au rapport à raison de l'acquisition qui pourra se réaliser plus tard par l'arrivée de la condition, pas plus qu'il n'y serait soumis à raison d'un legs dont la condition ne se serait pas réalisée *vivo patre*. Le rapport n'est dû que pour les biens que l'émancipé aurait acquis au père de famille sans l'émancipation. Or, dans l'hypothèse, le père de famille étant décédé *ante eventum conditionis*, le bénéfice de l'acquisition serait demeuré à l'enfant, même en supposant le maintien de la puissance paternelle jusqu'à la mort du père (1).

Il faut donc dire que la condition suspensive ne rétroagit pas dans le transport de la propriété. C'est là une différence profonde qui sépare la théorie de la propriété de la théorie des obligations. On voudra peut-être s'en faire une arme contre nous, en montrant que nous aboutissons à une inconsé-

(1) M. Bufnoir, op. cit., p. 421.

quence. Soit par exemple une tradition conditionnelle faite par anticipation en exécution d'un contrat conditionnel. La condition apposée au contrat se réalisant donnera une existence rétroactive aux effets du contrat. Or, dit-on, parmi ces effets figure la *justa causa*, qui, jointe à la tradition, accomplit le transport de la propriété. Cette *justa causa* rétroagissant au jour de la tradition, c'est à partir de ce jour que la propriété aura été transférée. Oui, mais la *justa causa* jointe à la tradition ne transfère la propriété qu'autant que l'intention des parties est de la transférer. Or, la loi romaine suppose que les parties n'ont pas entendu la transférer immédiatement, mais seulement à l'arrivée de la condition, qu'outre la condition suspensive il y a un *dies*. Que ce point de vue soit ou non exact en théorie, les textes nous montrent que c'était là ce qu'on décidait à Rome, puisqu'ils écartent la rétroactivité.

Outre les conséquences de la non rétroactivité que nous avons indiquées dans le cours de la discussion, nous pourrions en énumérer d'autres; mais comme les textes qui les signalent sont relatifs aux legs, nous en parlerons sous le n° III.

Nous avons annoncé une exception au principe de la non-rétroactivité ; elle nous est indiquée par la L. 40, *D. de mort. caus donat.* (39, 6). Même avant le sénatus-consulte de Septime Sévère, les donations à cause de mort étaient possibles entre époux. Mais, pour que la règle qui défendait aux époux de s'avantager pendant le mariage ne fût pas violée, la propriété de la chose donnée ne pouvait jamais être transférée au donataire avant la mort du donateur, quand même les parties avaient manifesté l'intention de faire la donation à cause de mort sous condition résolutoire. Mais dans ce cas on arrivait à peu près au résultat que les parties avaient eu en vue, en transformant la condition résolutoire *si convaluerit donator* en une condition suspensive *si mortuus erit*, avec rétroactivité. Il y a donc avant tout une question à se poser : les parties ont-elles voulu faire une donation à cause de mort sous condition suspensive, on suit les règles ordinaires, il n'y a pas rétroactivité ; ont-elles voulu faire une donation sous condition résolutoire, la translation de la propriété de la chose donnée ne peut s'effectuer qu'au décès du donateur ; mais, pour donner effet autant que possible à la volonté des parties, cette translation de propriété aura lieu rétroactivement à partir du jour de la tradition. C'est ce qui ressort de la L. 11, § 1, *D. de donat. int. vir. et ux.* (24, 1). Il ne faudrait donc pas dire qu'après le sénatus-consulte de Septime Sévère, il n'y a plus besoin de distinguer entre époux les donations à cause de mort et les donations ordinaires. Si la donation est qualifiée entre vifs, elle sera toujours faite sous une condition suspensive douée de rétroactivité ; mais si elle est qualifiée donation *mortis causa*, elle sera toujours faite il est vrai sous condition suspensive, mais elle pourra ne pas rétroagir, si l'intention des parties a été de faire une donation *mortis causa* sous condition suspensive ordinaire. *Quid* s'il y a incertitude sur l'intention des parties ? Il faudra présumer la condition résolutoire, comme en cas de donations à cause de mort ordinaires, et par conséquent l'effet rétroactif. Il est facile de déduire les conséquences de la rétroactivité dans le cas qui nous occupe. Par exemple, si le conjoint donataire a disposé de la chose du vivant du donateur, cet acte sera rétroactivement validé, lorsque la donation sera confirmée (1). Si le donataire était fils de famille ou esclave à l'époque de la tradition, bien qu'il soit devenu *sui juris* ou libre quand la mort du donateur a confirmé la donation, la propriété, par l'effet de la rétroactivité, n'en aura pas moins été acquise au *pater familias* ou au *dominus* sous la puissance duquel il se trouvait à l'origine (2). Si le donateur avait, depuis la tradition par lui faite, acquis une servitude au profit du fonds donné, cette servitude, se trouvant avoir été constituée au profit d'un *non dominus* serait non avenue.

II. Actus legitimi. La L. 77, *D. de reg. jur.*, nous apprend que les *actus legitimi*, et en particulier la mancipation, *l'in jure cessio*, qui constituent des

(1) L. 11, § 9, de donat int. vir. et ux. D. (24, 1).
(2) A contrario de la L. 11, § 2-4, id.

modes de translation de la propriété, et qui par conséquent doivent seuls nous occuper, pouvaient admettre une condition, quand cette condition était sous-entendue. Les *conditiones legis* étant le plus souvent dans ce cas, ce sont elles qui le plus souvent seront apposées à un *actus legitimus ;* mais il peut en être de même d'une véritable condition, pourvu qu'elle ne soit pas exprimée. Ce n'est pas ici entre les conditions conventionnelles d'une part et les *conditiones legis* d'autre part qu'il faut faire une distinction, c'est entre les conditions tacites d'une part, conventionnelles ou légales, et les conditions formelles d'autre part. Ces dernières rendraient l'acte nul. La règle qui veut que, lorsque les parties pas redondance ont exprimé la *conditio legis*, cela soit regardé *pro supervacuo,* et que la *conditio legis* ait son effet ordinaire, n'est pas vraie ici ; c'est la règle contraire qui prend sa place : *Expressa nocent, non expressa non nocent,* dit la L. 195, *D. de reg. jur.*, règle qui ne s'applique qu'à ce cas, et dont Gaïus a fait une fausse application dans la L. 65, § 1, *D. de legat.* 1°. Quelle peut-être la raison de cette tolérance? je dis tolérance, parce que l'acte n'est est pas moins conditionnel, bien que la condition ne soit pas exprimée, et ce n'est qu'à l'aide d'un expédient qu'on peut arriver à la déclarer valable. Quel est cet expédient? Probablement, et j'emprunte encore ici les idées et les expressions de M. Bufnoir, il consistait en ceci : on considérait l'acte d'une manière absolue comme n'étant intervenu qu'au moment où la condition se réalisait. Jusque là il est, en droit, non avenu. A l'arrivée de la condition, il se forme fatalement, même à l'insu et contre le gré des parties, en vertu des consentements antérieurement donnés dans les formes solennelles prescrites ; mais il faudra pour cela que les choses soient demeurées dans un état tel que les parties puissent encore le consentir. Par exemple, si, au jour où la condition se réalise, le *tradens* a aliéné la chose, s'il est en état de folie, ou s'il est décédé, la translation de propriété ne pourra avoir lieu. C'est à l'hypothèse d'un *actus legitimus* que se rapportent les raisons données par Ulpien dans la L. 9, § 1, *D. de jur. dot.* (23, 3). *Quia post mortem incipiat dominium discedere ab eo qui dedit : quia pendet donatio in diem nuptiarum : et, cum sequitur conditio nuptiarum, jam heredis dominium est, a quo discedere rerum non posse dominium, invito eo, fatendum est.* C'est dans cette même hypothèse, mais dans celle-là seulement, que pourrait s'appliquer à la lettre le raisonnement de M. Pellat (1). Si en effet on suppose non pas une tradition, mais une *mancipatio* ou une *in jure cessio dotis causa* faite avant le mariage, il sera juste de dire : « D'après les intentions de celui qui a livré les choses au futur mari, la propriété ne devait en être transférée à

(1) Textes sur la dot.

celui-ci qu'au moment du mariage ; or, à ce moment, la propriété appartenait, non plus à lui, déjà décédé, mais à son héritier : c'était donc de celui-ci que la propriété devait passer au mari. Mais la propriété ne peut pas échapper au propriétaire sans sa volonté : il faut donc que l'héritier, propriétaire actuel, consente à cette translation. Vainement dira-t-on que son auteur y a déjà consenti. Un héritier n'est obligé de reconnaître, de subir la volonté de son auteur, qu'autant qu'elle a produit un de ces deux effets, ou l'aliénation d'un droit réel, ou la constitution d'une obligation. Or ici, d'une part, le défunt n'a jamais cessé d'être propriétaire ; d'autre part, il ne s'est imposé aucune obligation de transférer la propriété. Il a seulement, sans l'avoir promis, entrepris de la transférer, et il n'a pas achevé. L'héritier n'est pas tenu d'achever une opération que le défunt a laissée incomplète, à moins que celui-ci ne se fût obligé à l'exécuter, auquel cas son obligation passerait à l'héritier. » Ce raisonnement, appliqué à une tradition conditionnelle conduirait jusqu'à dire que le *tradens*, en en aliénant la chose *pendente conditione*, pourra rendre la tradition efficace, et transmettre des droits qu'il n'avait plus lui-même. En effet, l'exception invoquée par l'héritier du *tradens*, peut l'être à plus forte raison par les successeurs à titre particulier de celui-ci. Or cela est insoutenable. On pourra nous objecter que cette doctrine n'a aucun fondement dans les textes. Nous croyons que la L. 9, § 1, *D. de jure dot.* en porte une trace évidente. Ce texte incontestablement a été remanié : la disposition qui le termine est une de ces décisions d'équité sans base juridique qui sont tout à fait dans la manière de Justinien. Si les compilateurs du Digeste ont revu le texte, ils n'auront pas laissé échapper le mot *mancipavero* ou *in jure cessero* dont s'était servi Ulpien. Le mot *tradidero* est donc une substitution ; les textes du Digeste offrent une foule d'exemples de substitutions semblables.

III. Legs per vindicationem. — Nous entendons par là toute disposition à cause de mort transférant *ipso jure*, par elle-même et sans le secours d'aucune tradition, la propriété de la chose léguée. C'est, à l'époque classique, le legs où le testateur a employé l'une des expressions *do, lego, sumito, capito, sibi habeto ;* sous Justinien, c'est tout legs ou tout fidéicommis d'une chose appartenant au testateur au moment de son décès. Nul doute que ces dispositions ne puissent être faites sous condition. Tout legs est même fait sous la *conditio legis* suspensive : *si ex testamento heres aliquis existat.* En effet, ce n'est pas la mort du testateur qui transfère la propriété au légataire, du moins quand l'hérédité est déférée à un *heres extraneus.* Le légataire a bien, à partir de ce moment, un certain droit, qu'il transmet à ses héritiers, qu'il acquiert à la personne sous la puissance de laquelle il se trouve, en le supposant *alieni juris ;* mais ce n'est pas un droit de propriété. C'est seulement au moment de l'adition que la propriété lui est transférée. Les Proculiens voulaient même retarder cet effet jusqu'à ce que le légataire eût eu connaissance du legs, et eût manifesté sa volonté (1). Jusqu'à son acceptation, la chose léguée était *res nullius* (2). On ne voit pas bien quel pouvait être le fondement juridique de cette opinion, non plus que l'intérêt pratique qu'il y avait à décider ainsi. Sans doute on évitait l'inconvénient grave de l'extinction par confusion des servitudes prédiales qui auraient pu exister sur le fonds légué au profit d'un fonds appartenant à l'héritier, ou réciproquement ; mais on serait arrivé au même résultat, sans même adopter l'opinion des Sabiniens, en accordant à l'héritier un droit de propriété résoluble rétroactivement par l'acceptation du légataire. Les textes ne nous signalent aucune conséquence pratique de la doctrine proculienne; mais on peut, à l'aide des principes, en indiquer trois : 1° Si le légataire, avant qu'il eût connaissance du legs fait à son profit, mais *post aditam hereditatem,* a lui-même légué *per vindicationem* la chose qui lui avait été léguée, ce nouveau legs est nul, suivant la règle que, pour la validité du legs *per vindicationem* d'un corps certain, le tes-

(1) G. II, § 195.
(2) G. II, § 200, in fin.

tateur doit être propriétaire de l'objet légué à l'époque de la confection du testament. 2° Si la chose léguée est un esclave, dans l'intervalle de l'adition à l'acceptation du légataire, cet esclave sera *sine domino;* il ne pourra rien acquérir par acte entre-vifs, et toute disposition testamentaire faite à son profit serait nulle, faute d'un maître à qui il pût emprunter la *testamenti factio*. 3° Si la chose léguée est une servitude, tant que le légataire n'aura pas connu et accepté la disposition faite à son profit, la servitude n'ayant aucune existence ne pourra pas s'éteindre par le non usage; et d'autre part, si le légataire, à l'époque où il a connaissance du legs, a cessé d'avoir la propriété du fonds pour l'utilité duquel la servitude a été léguée, la disposition demeurera sans effet. Mais c'est la doctrine contraire qui a prévalu, celle des Sabiniens, suivant laquelle la propriété est transférée au légataire à partir de l'adition, sous la *conditio legis* résolutoire : *si legatum repudiet*. En effet, bien que Gaïus, attribuant à un rescrit d'Antonin le Pieux une portée qu'il n'a évidemment pas, paraisse considérer la doctrine de ses maîtres comme condamnée (1), l'insertion au Digeste des seules textes sabiniens, et des textes d'une époque postérieure, qui affirment la règle enseignée autrefois par les Sabiniens, sans même faire soupçonner l'existence d'une controverse, ne laissent

(1) G. II, § 195.

aucun doute sur ce point. Les premiers nous indiquent des conséquences diamétralement opposées à celles où nous avons vu que l'on arrive dans la doctrine proculienne. La L. 44, § 1, *D. de legat.* 1°, supposant que le légataire lègue lui-même la chose *per vindicationem*, avant d'avoir eu connaissance du legs, nous dit : Ce legs sera valable, si le légataire accepte ensuite. C'est là seulement un acheminement à la doctrine sabinienne, car pour Ulpien la chose est bien *res nullius* dans l'intervalle ; seulement l'acceptation du légataire le fera considérer comme propriétaire à partir du jour de l'adition, de même que sa répudiation fera rétroactivement considérer l'héritier comme propriétaire à la même date. La L. 86, § 2, *D. de legat.* 1° est la contre-partie de notre 2°, la L. 19, § 1, *D. quemadm. servit. amitt.* (8, 6), la contre-partie de notre 3°. Le principe même est affirmé on ne peut plus clairement par la L. 80, *D. de legat.* 2° : *legatum ita dominium rei legatarii facit, ut hereditas heredis res singulas ; quod eo pertinet, ut, si pure res relicta sit, et legatarius non repudiavit defuncti voluntatem, recta via dominium, quod hereditatis fuit, ad legatarium transeat, numquam factum heredis* (1).

Le legs véritablement conditionnel est celui dont l'effet est subordonné d'abord à l'adition de l'héré-

(2) Ajoutez L. 15, D. de reb. dub. (34, 5), et L. 64, D. de furtis (47, 2).

dité, et en outre à un autre événement, le legs dans lequel la translation de propriété au profit du légataire peut avoir lieu à une époque postérieure à celle de l'adition. Dans cette hypothèse, en supposant que la condition est encore pendante au moment de l'adition, qui va être propriétaire de la chose léguée? Suivant les Sabiniens, c'est l'héritier. « Il en est ici, disent-ils, comme dans le cas de l'esclave *statuliber*, à qui la liberté a été laissée sous condition. Tant que la condition n'est pas accomplie, il est certain qu'il appartient à l'héritier (1). » Cette assimilation était d'autant plus exacte que le legs de la liberté est bien certainement un legs *per vindicationem*. Cependant, les Proculiens, qui admettaient la propriété intérimaire de l'héritier en cas de *legatum libertatis* conditionnel, ne l'admettaient pas pour les autres legs *per vindicationem* conditionnels; ici encore, ils soutenaient que dans l'intervalle de l'adition à l'accomplissement de la condition, la chose léguée était *res nullius*. Cette opinion, dont il n'est pas plus aisé de rendre compte qu'en matière de legs pur et simpte, aurait probablement entraîné les conséquences suivantes : l'héritier, dans l'intervalle, n'aurait pu valablement léguer *per vindicationem* la chose objet du legs conditionnel, quand bien même le légataire serait venu plus tard à répudier le legs. Un esclave légué n'aurait pu sti-

(1) G. II, § 200.

puler ou être inscrit dans un testament, jusqu'à l'époque où il serait passé dans la propriété du légataire. Mais c'est la doctrine sabinienne qui a prévalu; c'est à elle que se réfèrent tous les textes du Digeste. L'héritier est donc propriétaire dans l'intervalle de l'adition d'hérédité à l'événement de la condition. La chose léguée étant considérée et traitée provisoirement comme propriété libre de l'héritier ou des héritiers, il en résulte qu'elle est comprise dans le partage de la succession, et peut-être l'objet d'une *adjudicatio*, comme nous l'apprend la L. 12, § 2, *D. famil. ercisc.* (10, 2). Si la chose léguée se trouve en la possession d'un tiers, l'héritier a seul qualité pour exercer la revendication; c'est ce que nous lisons dans la L. 66, *D. de rei vindicat* (6, 1). Cette revendication aurait lieu contre le légataire lui-même, s'il se mettait en possession de la chose léguée avant l'arrivée de la condition. L'héritier peut consentir toute espèce de droits réels sur la chose léguée, et, par exemple, en faire l'objet d'un legs *per vindicationem*. Ces droits, valablement consentis à l'origine, seront définitivement confirmés si le légataire vient à répudier le legs. Ce principe est certain ; les textes se bornent à nous indiquer les restrictions qu'il subit. En effet, le droit de propriété de l'héritier, étant soumis à la possibilité d'une révocation future, subit certaines restrictions. Si la condition se réalise, les droits réels consentis sur la chose léguée tomberont par application de la règle : *nemo plus juris ad alium transferre potest quam ipse habet*. Certains actes ont un caractère d'irrévocabilité qui ne permet pas de les laisser anéantir par un événement postérieur ; aussi décide-t-on que ces actes, l'héritier ne pourra pas les faire. Ainsi, la L. 11, *D. de manumiss.* (40, 1) et la L. 29, § 1, *D. qui et a quib. manum.* (40, 9) nous disent que si la chose léguée sous condition est un esclave, l'héritier ne pourra pas l'affranchir. Il répugne aux Romains de faire rentrer en esclavage une personne qui a commencé à jouir de la liberté ; c'est pour cela que la loi *Ælia Sentia* annulait, au lieu de le déclarer révocable, l'affranchissement *in fraudem creditorum*. Si la chose léguée sous condition est un terrain, la L. 34, *D. de religiosis* (11, 7) nous dit que l'héritier ne pourra pas en faire un *locus religiosus*. Le légataire conditionnel peut, *pendente conditione*, exiger de l'héritier la *satisdatio legatorum seu fideicommissorum servandorum causa*, et, à défaut, obtenir l'envoi en possession des biens du défunt (1).

Le légataire n'a droit au legs qu'au moment où la condition se réalise. C'est ce qu'on exprime en disant que, dans les legs conditionnels, le *dies cedit* a lieu à l'événement de la condition. Il en résulte que, si le légataire meurt, on subit la *maxima* ou la

(1) D. liv. 26, tit. 3 et 4. C. liv. 6, tit. 54, et aussi L. 8, § 4, D. qui satisd. cog. (2, 8).

media capitis deminutio avant cette époque (1), il n'a acquis aucun droit et ne transmet rien à ses héritiers (2). Cela s'explique par le caractère personnel des libéralités testamentaires. Si la chose léguée vient à périr ou à être mise hors du commerce avant l'arrivée de la condition (3), le droit du légataire ne prend pas naissance. La L. 8, *D. de peric. et comm. rei. vend.* (18,6) met sur la même ligne, à cet égard, le legs et la stipulation. Seulement on pourrait croire que c'est là une décision d'un intérêt purement théorique. En effet, dirait-on, si la chose périt même après l'événement de la condition, c'est pour le légataire qu'elle périt, puisque c'est lui qui en est propriétaire. Mais, dans ce second cas, le légataire, ayant été propriétaire, aura droit aux fruits produits par la chose, à partir de l'arrivée de la condition; il aura de même droit à toutes

(1) Il ne suffit pas que le légataire existe et jouisse de la vie civile au moment où la condition (2, 8) se réalise; il doit encore avoir été liber et civis romanus au moment de la confection du testament. Il est vrai que la règle Catonienne ne s'applique pas aux legs conditionnels, mais cette règle ne vise que les vices relatifs de la chose léguée et de la personne du légataire; et c'est ici un vice absolu.

(2) L. 5, § 3, D. Quand. dies legat. (36, 2).

(3) Il ne suffit pas non plus que la chose léguée soit dans le commerce à l'arrivée de la condition; si le testateur avait légué une chose hors du commerce, c'est en vain que cette chose rentrerait dans le commerce pour le moment où la condition se réalise; le legs demeure nul. La règle Catonienne n'a rien à voir ici.

les accessions, à toutes les choses qui ont pu venir s'incorporer à la chose principale pendant le même temps ; il aura droit encore à tous les accessoires qui peuvent subsister de la chose, à la peau de l'animal, aux matériaux de l'édifice, au pécule de l'esclave, si on a légué un esclave *cum peculio* (1). C'est la chose telle qu'elle se comporte au jour de la réalisation de la condition, qui fait l'objet du legs. Pour que le legs soit valable et transfère la propriété au légataire, il faut que la chose appartienne à la succession du testateur au jour de la réalisation de la condition. Peu importe qu'avant cette époque la chose ait appartenu à un tiers, ou même au légataire. La règle Catonienne ne s'applique pas aux legs conditionnels (2). Mais si, au moment où la condition se réalise, le légataire est propriétaire de la chose léguée, le legs est nul. Toutefois, s'il l'a acquise *ex non lucrativa causa*, il conserve action contre l'héritier, afin d'obtenir de lui ce qu'il a déboursé pour avoir la chose (3). De ce que la règle Catonienne ne s'applique pas aux legs conditionnels, il résulte encore que, si le legs a été fait à une personne placée *in potestate, manu vel mancipio* de l'héritier unique, il sera valable si, avant l'événe-

(1) L. L. 1, 2 et 12 comparées, D. de pec. leg. (33, 8).

(2) Inst., § 10 (2, 20) ; L. 41, § 2, D. de legat., 1° ; L. 1, § 2, D. de reg. cat. (34, 7).

(3) Inst., § 6 (2, 20).

ment de la condition, cette personne est sortie d'une manière quelconque de la puissance de l'héritier (1). Le légataire conditionnel n'a pas d'action, *pendente conditione,* pour poursuivre le payement de son legs. Le payement qui aurait été fait par erreur, *pendente conditione,* donnerait lieu à répétition, excepté en cas de legs *venerabilibus locis relictum* (2). La condition accomplie, le légataire est devenu propriétaire *ipso jure;* il a contre l'héritier grevé du legs la revendication pour se faire mettre en possession de la chose, et en outre, sous Justinien, l'action personnelle et l'action hypothécaire. Si le légataire, se faisant, en quelque sorte, droit à lui-même, s'était mis, de sa propre autorité, en possession du legs, le prêteur donnait à l'héritier l'interdit *quod legatorum,* pour forcer le légataire à restitution (3).

Ici, comme en cas de tradition conditionelle et à la différence de ce qui se passe dans les obligations, l'événement de la condition n'a pas d'effet rétroactif. Il est vrai que les droits consentis par l'héritier *pendente conditione* sur la chose léguée sont anéantis; il est vrai que la chose jugée contre l'héritier qui aurait revendiqué *pendente conditione* l'objet légué sous condition et possédé par un tiers, ne serait pas

(1) Inst., § 32 (2, 20); Ulp. reg. 24, §§ 23 et 24; comp. G. II, § 244.

(2) Inst., § 7 (3, 27).

(3) D. liv. 43, tit. 3.

opposable au légataire. Mais cela n'implique pas la rétroactivité; c'est la conséquence de cette idée bien simple que l'héritier ne peut, par son fait, nuire au droit du légataire. Si donc il était possible de maintenir les actes faits par l'héritier au sujet de la chose léguée, sans nuire aux droits du légataire, ces actes ne devraient pas être annulés. C'est ce qui a lieu dans le cas où l'héritier *pendente conditione* a légué *per vindicationem* la chose déjà léguée par le *de cujus* à une autre personne : la condition se réalisant, ce second legs n'est pas déclaré nul; on décide seulement qu'il ne fait pas obstacle à l'exécution du premier (1). Signalons quelques conséquences de la non-rétroactivité, en laissant de côté celles qui se rattachent aux règles du *dominium revocabile,* que nous exposerons plus loin.

« Les actes par lesquels l'héritier *pendente conditione* aura acquis un droit réel utile à la chose léguée devront être maintenus. C'est ce que décide la L. 11, § 1, *D. Quemadm. servit. amitt.* (8, 6) : *heres, quum legatus esset fundus sub conditione, imposuit ei servitutes; extinguentur, si legati conditio existat; videamus, an acquisitæ sequantur legatarium; et magis dicendum est, ut sequantur.* Il n'en serait pas ainsi assurément, et les servitudes actives elles-mêmes, acquises *pendente conditione,* au profit du fonds légué, devraient être considérées

(1) L. 81, pr. D. de legat. 1°.

comme non avenues, si, par une rétroactivité attribuée aux droits du légataire, l'héritier devait être considéré comme n'ayant jamais eu la propriété. »

« Un esclave a été légué ou affranchi par testament sous condition; *pendente conditione*, l'héritier est victime d'un meurtre; l'esclave tombera, comme lui appartenant, sous l'application du sénatus consulte Silanien *de publica quæstione a familia necatorum habenda* (1). »

« L'esclave légué sous condition commet un délit envers l'héritier, dans l'intervalle de l'adition d'hérédité à l'arrivée de la condition : l'héritier pourra-t-il, une fois la condition réalisée, exercer l'action noxale contre le légataire? Non, car il était propriétaire de l'esclave quand le délit a été commis; il le pourrait, au contraire, si la propriété était rétrospectivement effacée par la rétroactivité de la condition. De même, si le délit était antérieur à l'adition d'hérédité, l'action s'éteindrait pour ne plus renaître après l'événement de la condition, suivant l'opinion qui a prévalu (2). »

« C'est encore la non-rétroactivité de la propriété du légataire sous condition qui motive une des solutions de la L. 3, *D. de servit. legat.* (33,3). Ce texte déclare nul le legs pur et simple d'une servitude au profit d'un fonds légué lui-même à la même per-

(1) L. 1, § 4, D. de S. C. Silan. (29, 5).
(2) Inst., § 6 (4, 8); Comp. G. IV, § 78.

sonne, mais sous condition, quand au moment où se produit le *dies cedens* du legs de la servitude, la condition de l'autre legs est encore pendante. Cette décision est fondée sur l'impossibilité où se trouve le légataire de profiter d'une servitude établie pour l'avantage d'un fonds dont il n'est pas propriétaire à l'époque où elle serait constituée. Il faudrait, au contraire, valider le legs de servitude, si l'événement de la condition, à laquelle était subordonné le legs du fonds, avait pour résultat d'en donner rétroactivement la propriété au légataire : cette rétroactivité lèverait, en effet, le seul obstacle qui s'oppose à l'acquisition de la servitude. »

« Enfin, quant aux actes de disposition concernant la chose léguée accomplis par le légataire *pendente conditione*, ils devront être considérés comme ayant eu pour objet la chose d'autrui au moment où ils se sont produits, et c'est en partant de ce point de vue qu'il faudra déterminer leur efficacité. Ainsi, on devra déclarer radicalement nul, *ab initio*, le legs *per vindicationem* par lequel le légataire aurait disposé de la chose léguée. Toutefois cette règle théorique se trouve modifiée pratiquement par l'application du sénatus-consulte Néronien, et au temps de Justinien, le legs fait dans ces circonstances aurait été valable, à la charge de prouver que le testateur savait que la chose ne lui appartenait pas encore. Quant à l'aliénation entre vifs, il faut distinguer : la mancipation et l'*in jure cessio* faites par le légataire *pendente conditione* seraient nécessairement nulles dans tous les cas; mais la tradition serait valable si elle avait été soumise à la même condition que le legs; elle serait nulle seulement dans le cas où l'on aurait entendu lui faire produire une aliénation pure et simple. On appliquerait aisément les mêmes règles, *positis ponendis*, aux actes par lesquels le légataire aurait voulu établir, avant l'arrivée de la condition, des droits réels sur la chose léguée (1). »

Il est des cas où, malgré une condition apposée au legs, la translation de propriété est pure et simple, le *dies cedit* a lieu à la mort du testateur, parce que la loi ou le Préteur dispense de l'accomplissement de la condition. Suivant l'opinion des Sabiniens, qui avait fini par prévaloir, les conditions illicites ou immorales étaient dans les legs considérées comme non écrites. Jusqu'à Justinien, le legs fait *pœnæ nomine* est nul. Il devait être assez difficile, quand la *pœna* imposée à l'héritier constituait une condition immorale ou illicite, de savoir s'il fallait l'effacer ou s'il fallait annuler la disposition. Justinien a fait cesser cette cause d'embarras, en décidant que le legs *pœnæ nomine* serait valable en principe, mais que, si la *pœna* constituait une condition illicite ou immorale, elle rendrait le legs nul(2). Au nombre des conditions immorales, le Pré-

(1) M. Bufnoir, op. cit.
(2) Just., § 36, 1er alin. (2, 20).

teur range la nécessité imposée par le testateur au légataire de jurer qu'il fera quelque chose (1). Le Préteur a voulu que ceux à qui on aurait ainsi laissé quelque chose sous la condition du serment, pussent le prendre, comme si cette condition ne leur eût pas été imposée. Il n'est pas nécessaire de recourir au Préteur pour se faire remettre la nécessité du serment : le Préteur en a fait la remise une fois pour toutes, et il n'est pas besoin qu'il en fasse une remise particulière chaque fois que l'occasion se présente. En conséquence, le *dies cedit* a lieu immédiatement à la mort du testateur (2). Il va sans dire que, si, outre la nécessité de prêter serment, une autre condition est imposée au légataire, il ne sera pas dispensé de la remplir. Mais si les deux conditions lui sont imposées sous alternative, le Préteur décide qu'il faut lui faire remise des deux, afin que le testateur ne puisse pas se servir de cette autre condition comme d'un moyen pour forcer le légataire à prêter le serment. — A l'inverse, il se peut qu'il y ait une véritable condition et que le *dies cedit* n'ait pas lieu à la mort du testateur, là où une condition n'apparaît pas tout d'abord. Ainsi, le *dies incertus* dans les legs équivaut à une condition ; c'est-à-dire que si l'effet du legs est subordonné à un événement futur qui doit nécessairement arriver, mais

(1) L. 8, D. condit. instit. (28, 7).

(2) L. 5, § 3, D. quand. dies legat. (36, 2).

sans qu'on sache à quelle époque, ni s'il arrivera du vivant du légataire, le droit au legs n'est acquis à celui-ci qu'au moment où l'événement se produit. La condition *si voluerit*, qui ne serait pas une véritable condition dans une institution d'héritier, est valable quand elle est apposée à un legs. C'est ce que nous apprend la L. 69, *D. de condit. et demonstr.* (35, 1), dont la décision est reproduite dans la L. 65, § 1, *D. de legat.* 1° par Gaius qui la motive d'une manière inexacte. C'est qu'en effet, l'héritier externe n'est pas saisi de l'hérédité; il doit aller à elle, faire adition, manifester l'intention formelle de l'appréhender. Dès lors la condition *si volet* imposée à l'institution d'héritier ne peut être qu'une redondance inutile, la reproduction d'une *conditio legis* inhérente à l'acquisition de l'hérédité. Le légataire, au contraire, n'est pas saisi sous la condition suspensive de son acceptation, mais bien sous la condition résolutoire de sa répudiation. Il en résulte que la condition *si volet* imposée pour l'acquisition d'un legs, ajoute quelque chose aux conditions exigées par la loi pour cette acquisition; c'est donc une véritable condition. Et cela, qu'on le remarque bien, même dans l'opinion des Proculiens, comme nous l'apprend la loi 69, où Gaius rapporte l'avis de Proculus. C'est qu'en effet les Proculiens n'exigeaient l'acceptation du légataire que pour l'acquisition de la propriété de la chose léguée; même dans leur doctrine, le légataire pur et simple, *etiam ignorans*, avait, à partir du décès du testateur, un droit à la chose léguée, qu'il transmettait à ses héritiers. Or, en disant *si volet*, le testateur avait entendu subordonner à la manifestation de volonté du légataire le droit au legs lui-même, et la transmissibilité de ce droit. Donc, même dans la doctrine des Proculiens le *si volet* ajoutait quelque chose aux conditions exigées par la loi; donc il constituait une condition véritable. En conséquence, de l'aveu de tous, le *dies cedit* était par l'effet de cette condition reporté au jour de l'acceptation du légataire; si celui-ci mourait auparavant, il ne transmettait rien à ses héritiers. De ce qui précède on doit inférer qu'il ne faudrait pas assimiler à la condition *si voluerit legatarius* la condition *si non noluerit*. Ici le testateur, sinon en réalité, du moins dans les termes, n'exige rien de plus que la loi elle-même, et on doit décider que ce n'est pas là une véritable condition. Cette distinction paraîtra subtile à bien des gens; elle n'est que logique pour ceux qui connaissent les jurisconsultes romains et leur rigueur de déductions.

La condition *si voluerit legatarius* est contenue implicitement dans le legs de genre et dans le legs d'option, mais elle n'a pas le même effet dans les deux cas : dans le premier, elle ne suspend que la translation de propriété de la chose léguée; dans le second, du moins jusqu'à Justinien, elle suspend l'acquisition du droit au legs. Le testateur lègue une chose *in genere;* ce peut être là un legs *per vindi-*

cationem, si au moment de sa mort ce *genus* se trouve représenté dans son patrimoine. Le légataire acquiert par la mort du testateur un droit au legs, immédiatement transmissible à ses héritiers, mais il est évident que c'est seulement le choix du légataire qui pourra lui faire acquérir la propriété de la chose léguée. Dans le legs d'option, c'était non-seulement la translation de propriété, objet du legs, mais le legs lui-même qui était conditionnel. Le *dies cedit* n'avait lieu qu'au moment de l'option; si le légataire mourait avant d'avoir opté, il ne transmettait rien à ses héritiers. Justinien a fait cesser cette différence entre le legs de genre et le legs d'option(1). Dans le legs de genre comme dans le legs d'option, l'héritier ne saurait, tant que le légataire n'a pas fait son choix, faire sortir de la succession une seule des choses entre lesquelles ce choix doit s'exercer. C'est ce que dit la L. 3, *D. qui et a quib. manum* (40, 9), pour le cas où on a légué un esclave *in genere* ou bien *optio servi*. L'héritier ne peut affranchir un seul des esclaves du testateur. Supposons qu'il en a affranchi un; si le légataire choisit celui-là, sans difficulté l'affranchissement sera nul, parce que l'héritier ne peut pas par son fait porter atteinte au droit du légataire. Mais si le légataire en choisit un autre, l'affranchissement sera valable, parce que l'indisponibilité des choses qui peuvent

(1) L. 3, C. Communia de leg. (6, 43).

faire l'objet du choix, établie dans l'intérêt du légataire, n'a été établie que dans son intérêt. Si l'on suppose que la condition *si voluerit* ou *si non noluerit* a été dictée non plus au légataire, mais à l'héritier grevé du legs, il faut dire qu'il y a absence de lien obligatoire, et par suite nullité. Cependant, le désir de faire prévaloir avant tout la volonté probable du testateur, avait fait apporter des restrictions à ce principe. Ainsi, d'abord, quand le disposant, au lieu des expressions *si heres voluerit*, avait employé celles-ci : *si heres fuerit arbitratus*, ou *æstimaverit*, ou autres analogues, on considérait qu'il avait entendu se référer non à la *mera voluntas* de l'héritier, mais *ad arbitrium boni viri*. La règle et l'exception sont exprimées dans la L. 11, *D. de legat.* 3°, et la L. 75 pr., *D. de legat.* 1°. De même, toutes les fois que cela se pouvait, on admettait que le testateur avait entendu que l'héritier, ayant une fois consenti à exécuter le legs, ne pût plus ensuite retirer son consentement. La L. 11, § 5, *D. de legat.* 3°, admet cette interprétation de volonté en matière de fidéicommis ; et, sous Justinien, toutes les règles qui s'appliquent aux fidéicommis, s'appliquent également aux legs. Si, au lieu d'une condition purement potestative on suppose une condition simplement potestative de la part de l'héritier, il semblerait que le legs dût être valable à plus forte raison. Cependant, comme un legs affecté d'une semblable condition était dicté, la plupart du temps, par le désir de contraindre l'héritier plutôt que par celui de gratifier le légataire, on décidait dans l'ancien Droit que ce legs, qui est le legs *pœnæ nomine*, devait être considéré comme nul. La prohibition des legs *pœnæ nomine* était si rigoureuse, qu'elle s'appliquait même au testament militaire, et aux legs faits à l'empereur (1). Cette prohibition a été levée par Justinien (2). Si c'est à un tiers que la condition potestative est dictée, d'après la L. 52, *D. de condit. et demonstr.* (35, 1), il faut distinguer entre la condition purement potestative et la condition simplement potestative : la première rend le legs nul, parce que, remettre à un tiers le pouvoir absolu de donner ou non effet à la disposition, c'est en réalité déléguer le droit de tester, ce qui ne peut pas être permis. Mais on validait le legs fait sous une condition simplement potestative de la part du tiers, comme par exemple : *Mævio fundum Sempronianum do lego, si Titius Capitolium ascenderit.* Pourtant Ulpien semble bien ne pas avoir admis cette distinction ; il se dit, ce qui est assez vrai, qu'en fait la condition *si Titius Capitolium ascenderit* équivaut à celle-ci *si Titius voluerit.* Dès lors il est inutile de forcer le testateur à chercher un détour ; il faut décider que le legs sera valable dans tous les cas. C'est ce qui ressort, selon nous, de la L. 43, § 2, *D. de legat.* 1°,

(1) Inst., § 36 (2, 20).
(2) L. un., C. de his quæ pœnæ nom. (6, 41).

qui, il est vrai, est susceptible d'une autre explication, mais surtout de la L. 46, § 2, *D. de fideicomm. libert.* (40, 5), et de la L. 1 pr., *D. de legat.* 2°. Ce dernier texte ne peut être traduit que de la manière suivante : « La volonté d'un tiers peut, condition apposée à l'acte, conférer (*suppléez* en tous cas) la propriété d'une chose léguée : en effet, quelle différence y a-t-il entre la condition *si Titius in Capitolium ascenderit*, et la condition *si Titius voluerit ?* » Toute autre traduction donnerait au mot *veluti* un sens qu'il ne saurait avoir.

Règles du Dominium pendens.

Il y a *dominium pendens* toutes les fois que la propriété est affectée par l'existence d'une *conditio legis* suspensive douée de rétroactivité. Tel est le *dominium* de l'époux à qui son conjoint a fait une donation pendant le mariage ; tel est encore le *dominium* de l'héritier sur la chose léguée, car la renonciation du légataire a un effet rétroactif. Il est d'autres cas de *dominium pendens* que nous n'avons pas cités ; en voici trois qui rentrent dans notre sujet, c'est-à-dire où il y a transport de propriété à titre particulier sous condition suspensive. L'usufruitier d'un troupeau doit l'entretenir avec le croît. Une bête ayant péri, il naît deux petits : c'est à l'usufruitier à dire lequel des deux sera employé à combler le vide qui s'est produit dans le troupeau; provisoirement la propriété de chacun est *in pendenti*, c'est-à-dire qu'elle est transférée au propriétaire du troupeau sous la *conditio legis* suspensive rétroactive *si summittatur* (1). Un esclave qui appartient en nue-propriété à une personne, et en usufruit à une autre, achète une chose à crédit et en reçoit tradition; l'usufruitier et le nu-propriétaire sont, chacun de son côté, propriétaires de cette chose, sous la *conditio legis* suspensive rétroactive *si pretium solverit* (2). Celui qui, le premier, paiera le prix, sera considéré comme ayant été depuis la vente, seul et unique propriétaire de la chose. Enfin, en cas d'*impetratio dominii* : le créancier gagiste, non payé à l'échéance, qui obtient de l'empereur l'autorisation de garder pour lui la chose engagée, selon sa juste valeur, est considéré rétroactivement comme propriétaire de cette chose à partir du jour où il en a eu la possession (3).

Voici les règles communes à tous les cas de *dominium pendens :*

1° Les droits réels consentis sur la chose par le

(1) L. 70, § 1, D. de usufr. (7,1).

(2) L. 43, § 2, D. de acq. rer. dom. (41,1), L. L. 12, § 5 in fin., 25, § 1, D. de usufr.

(3) L. 63, § 4, D. de acq. rer. dom.

propriétaire, sous condition suspensive, que l'événement de la condition démontre n'avoir jamais été propriétaire, sont considérés comme non avenus. C'est ce que dit la L. 15, *D. de reb. dub.* (34,5) pour le cas où l'héritier a aliéné une chose léguée et en a fait tradition *deliberante adhuc legatario;* si le légataire accepte, *traditio nulla est.*

2° Si la chose est volée ou endommagée avant l'événement de la tradition, aucun des deux propriétaires sous alternative ne peut exercer les actions résultant du vol ou du dommage. *Quum in pendenti est dominium, dicendum est condictionem pendere,* nous dit la L. 12, § 5 *in fin. D. de usufruct.* (7, 1); et la L. 43, § 10 *D. de æd. ed.* (21,2): *dum incertum est ex cujus re pretium solvat, pendet, cui sit acquisitum, et ideo neutri eorum redhibitoria competit.* Mais, une fois la condition accomplie, celui-là est considéré rétroactivement comme lésé, et a le droit d'intenter l'action, au profit duquel la condition se réalise (L. L. 13, § 3, 17, § 1, 34-36 pr. *D. ad leg. Aquil.* (9,2).

3° L'extinction des servitudes prédiales par confusion, ou de l'usufruit par consolidation, qui se serait produite avant l'événement de la condition, est rétroactivement anéantie par l'événement de la condition, ou plutôt, à ce moment, il est certain qu'il n'y a jamais eu ni confusion, ni consolidation (L. 38, § 1, *de legat.*, 1°, L. 57, pr. *D. de usufr.*).

4° Les choses acquises au fonds, dans l'intervalle,

par accession, le trésor, les choses acquises par l'entremise d'un esclave, le *partus ancillæ*, appartiennent à celui que l'événement de la condition démontre avoir été propriétaire du fonds ou de l'esclave (L. 63, § 4, *D. de acq. rer. dom.*, L. 20, *D. de donat., int. vir. et ux*).

5° Si celui qui a acquis la propriété sous la *conditio legis* suspensive rétroactive était *alieni juris* au moment de cette acquisition, si l'événement de la condition a lieu en sa faveur, c'est à son maître ou à son *pater familias* que la propriété est acquise, quand même il se trouverait *sui juris* au moment où la condition se réalise.

CONDITION RÉSOLUTOIRE.

I. ACTES ENTRE VIFS. — A. CONDITION CONVENTIONNELLE. Je suppose que je transfère la propriété d'une chose, par un mode du droit des gens ou par un mode du droit civil, peu importe ici, et qu'en même temps je convienne que, si tel événement arrive, la propriété me fera retour : il est entendu entre moi et l'acquéreur, ou bien cela résulte des paroles par nous employées, que, si l'événement arrive, je redeviendrai propriétaire *ipso jure*, et rétroactivement, c'est-à-dire que je serai censé n'avoir jamais cessé d'être propriétaire. Cela est-il possible ? une telle convention peut-elle avoir son effet ? De nombreux textes prouvent que oui, et ces textes ne sont pas tous d'Ulpien, comme on le dit souvent. La possibilité du retour *ipso jure* de la propriété à l'aliénateur est établie par la L. 41, *D. de rei vindicatione* (6, 1) d'Ulpien, par la L. 13, *D. de pigneratitia actione* (13, 7) d'Ulpien, par la L. 8, *D. de lege commissoria* (18, 3) de Scévola, par les LL. 1 et 4, *C. de pactis inter empt.* (4, 54). L'effet rétroactif de la condition est démontré par la L. 9, *princ. D. de aqua et aquæ pluv.* (39, 3) de Paul. Devant ces textes on a été forcé de s'incliner ; aussi, tout ce qu'a pu faire la doctrine adverse a été d'imaginer deux périodes, l'une dans laquelle le retour de la propriété *ipso jure* et la rétroactivité de la condition n'était pas admise, l'autre, inaugurée par Ulpien, jurisconsulte novateur, dont les idées auraient été définitivement adoptées par Justinien. Il est probable que si un dissentiment eût existé à cet égard entre les jurisconsultes, il en serait resté des traces autres que le *potest defendi* d'Ulpien, sur lequel nous nous expliquerons plus loin. De plus, Justinien aurait pris soin de nous dire qu'il tranche une controverse, comme il le fait toujours en pareil cas. Enfin les textes contraires à la doctrine d'Ulpien n'auraient pas été insérés au Digeste. Voici en effet le dilemme que je pose à ceux qui croient à la controverse : ou bien il y a au Digeste des textes contraires à l'opinion d'Ulpien, et alors comment Justinien, qui adoptait cette opinion, et qui ne tranchait pas expressément la controverse, ne l'aurait-il pas au moins tranchée implicitement en laissant en dehors du Digeste les textes contraires à l'opinion qu'il adoptait ? ou bien il n'y a au Digeste aucune texte contraire à l'opinion d'Ulpien, et alors comment savez-vous s'il y a eu une controverse? Pour moi, je n'hésite pas : tout en faisant au sujet du très-ancien droit Romain des réserves que l'on pourra apprécier tout à l'heure, je crois pouvoir affirmer qu'il n'y a ni au Digeste ni au Code aucun texte qui contredise le retour de la propriété *ipso jure* et la rétroactivité de la condition résolutoire. Mais, avant d'examiner les lois qu'on nous oppose, il faut répondre aux arguments tirés des principes fondamentaux du droit Romain.

C'est un principe en droit Romain que le consentement des parties ne suffit pas pour transférer la propriété. Or, dit-on, si l'événement de la condition opère *ipso jure* le retour de la propriété à l'aliénateur, ce principe est violé : voilà, en effet, un transport de propriété s'opérant par la seule volonté des parties, sans qu'aucun acte matériel, aucune tradition intervienne. Mais, si ce raisonnement était juste, il faudrait dire aussi qu'on ne peut pas, en transmettant à un tiers la propriété d'une chose par tradition, *deducere servitutem* ou *usufructum*. La situation est ici tout à fait la même : en faisant tradition de ma chose, je me réserve sur elle un certain droit, un droit de propriété sous condition suspensive, si vous voulez ; le retour que la propriété me fera, par l'effet de la condition, ne sera que la réalisation, la consolidation de ce droit. En d'autres termes, il est bien vrai qu'aucune translation de propriété n'a lieu sans un acte matériel, mais, du moment qu'un acte matériel est intervenu, il donne effet à toutes les conventions faites à ce sujet ; la condition que la propriété reviendra à l'aliénateur n'est pas un *nudum pactum*, elle se soutient du chef de la tradition antérieure. D'ailleurs, si l'on se reporte au moment de l'événement de la condition, ce n'est pas seulement le premier élément de la translation de la propriété, la tradition, qui fait défaut à ce moment, c'est encore l'autre élément, le consentement des parties. A ce moment, en effet, les parties ne font aucune convention ; elles se reportent à la convention intervenue auparavant. Si donc c'est au moment du contrat qu'il faut se reporter pour l'élément intellectuel du transport de la propriété, c'est aussi à ce moment qu'il faut se reporter pour l'élément matériel ; or, à ce moment, il y a eu tradition.

On dit encore : on ne peut, en droit Romain, transférer une propriété *ad tempus,* c'est-à-dire susceptible de s'évanouir à une certaine époque. Or, si l'acquéreur cesse *ipso jure* d'être propriétaire par l'effet de la tradition antérieure, il en résulte qu'il aura été propriétaire *ad tempus.* Non ! puisque, par suite de l'effet rétroactif de la condition résolutoire, l'acquéreur est considéré comme n'ayant jamais été propriétaire. Du reste, quand même il n'y aurait pas rétroactivité, on pourrait encore répondre à ceux qui disent que les jurisconsultes romains regardaient la propriété comme un droit absolu, par suite non susceptible d'être limité dans sa durée, que ce n'est pas la véritable propriété que l'aliénateur a transmise, que c'est une propriété limitée non dans sa durée, mais dans son essence; il a transmis un droit *sui generis,* et s'est réservé un droit *sui generis;* c'est là un démembrement de la propriété de la même nature que l'usufruit, et qui doit pouvoir s'établir comme lui.

Mais on insiste et on dit : si le retour de la propriété *ipso jure* et la rétroactivité de la condition avaient été possibles, le débiteur qui, dans les premiers temps du droit Romain, était forcé, pour donner une sûreté réelle à son créancier, de lui transférer la propriété, n'aurait pas manqué de lui transférer une propriété ainsi révocable, au lieu de se borner à convenir d'une rétrocession par le contrat de fiducie. Cela eût été bien plus avantageux pour le débiteur, et n'eût fait aucun tort au créancier. Il est possible, en effet, que dans le très-ancien droit Romain, cette convention n'ait pu avoir lieu ; mais il se peut aussi qu'elle ait été possible et licite, et qu'on ne s'en soit pas avisé dès le principe. De même qu'on a tout d'abord transféré la propriété purement et simplement, sans contrat de fiducie, bien que ce contrat fût possible, de même on a pu transférer la propriété avec convention de rétrocession, au lieu de la transférer sous condition résolutoire, bien que l'adjonction de cette condition fût déjà possible. La fiducie existait encore du temps de Gaius, alors que, déjà depuis longtemps, on avait trouvé moyen de ne plus transmettre au créancier que la possession de la chose engagée ; l'usage de la fiducie peut donc aussi avoir coexisté avec l'usage de la condition résolutoire. D'ailleurs, la sûreté procurée au créancier n'était pas, de par la loi, une *justa causa* de la translation de propriété ; la fiducie était donc une *conditio legis*, et l'opération tout entière une sorte de contrat inommé.

Voyons maintenant les textes qu'on nous oppose. Aucun, selon nous, n'est probant. Les L. 2, *C. de pactis inter empt. et vend.* (4,54), L. 12, *D, de præscript. verb.* (19,5), L. 7, § 3, *D, de jure dotium* (23,3), sont relatives non à une condition résolutoire, mais à une rétrocession convenue. Dans la constitution rapportée au § 283 des *fragm. Vatic.*, ce n'est pas d'une condition qu'il s'agit, mais d'un véritable terme.

Une seconde série de textes se compose des L. 6, § 1, *D. de contrah. empt.* (18, 1), LL. 4, § 4 et 16, *D. de in diem addict.* (18, 2), L. 4, *pr. D. de lege commiss.* (18, 3). On fait remarquer que dans tous ces textes, où il s'agit d'une condition résolutoire, l'action donnée au vendeur est non pas la revendication, mais l'action *ex vendito*. Mais ces deux actions ne s'excluent pas mutuellement : l'action *ex vendito* est indispensable au vendeur pour se faire donner les fruits que l'acheteur a perçus dans l'intervalle. Le vendeur n'a jamais été propriétaire de ces fruits ; l'acheteur les a perçus *suo jure*, comme dit la L. 5, *D. de lege commiss.* Pour obtenir ces fruits, et aussi les dommages-intérêts qui peuvent résulter de la résolution de la vente, il faut que le vendeur ait l'action *ex vendito*. Ces textes ne sont donc pas en antinomie avec ceux qui accordent la revendication à l'aliénateur, d'autant mieux que la plupart sont d'Ulpien qui n'a pas pu se mettre en contradiction avec lui-même. Cependant on insiste, on dit : il est bien singulier que ces textes, faisant mention de l'action *ex vendito*, ne parlent pas aussi de la revendication ; si les deux actions concouraient, on les aurait mentionnées toutes deux. Cet argument *a silentio* ne me séduit pas. La L. 6, § 1, *de contrah. empt.* est en effet conçue en ces termes : *Si fundus annua, bima, trima die, ea lege venisset, ut si in diem statutum pecunia soluta non esset, fundus inemptus foret ; et ut, si interim emptor fundum coluerit, fructusque ex eo perceperit, inempto eo facto restituerentur, et quanti minoris postea alii venisset, ut id emptor venditori prestaret, ad diem pecunia non soluta, placet venditori eo nomine actionem esse....* Ainsi il y a deux chefs bien distincts, séparés par la conjonction *et ;* sur le premier chef, la résolution de la vente, on ne nous dit pas quelle action appartient au vendeur ; sur le second chef, la restitution des fruits et les dommages-intérêts, c'est l'action *ex vendito* qui lui appartient, et qui peut seule lui appartenir. Et elle lui appartient seulement *eo nomine,* c'est-à-dire pour la restitution des fruits et le paiement des dommages-intérêts ; *altero nomine,* c'est-à-dire pour la restitution de la chose, le texte laisse entendre que le vendeur a une autre action, qui ne peut être que la revendication. D'ailleurs les auteurs de ces lois avaient une raison pour tant insister sur l'action *ex vendito :* ils répondaient à l'objection de certains jurisconsultes qui disaient : mais, du moment que la vente est effacée, il ne peut plus être question d'action *ex vendito.* Ulpien et Pomponius repoussent cet argument dans les LL. 6, § 1, *in fin. de contrah. empt.* et 4, pr. *de lege commiss.* Enfin il est un texte où le silence gardé sur l'action en revendication serait bien embarrassant pour nous, suivant M. Bufnoir, qui le premier a mis ce texte en lumière dans la discussion qui nous occupe (1). Je veux parler de la L. 15, *D.*

(1) Voir Théorie de la condition, p. 162, etc.

de condict. causa data (12, 4). Mais cette loi ne parle pas d'une condition résolutoire, mais d'un mode conditionnel, ce qui est bien différent. Il y a ici un contrat innommé *do ut des*. J'ai transféré la propriété de mon esclave sous ce mode, sous cette *causa : ut redderetur*. Maintenant la *causa : ut redderetur*, est soumise à la condition : *si id repertum in eo non esset*. Il a été tacitement convenu entre les parties que cette condition ne pourrait s'accomplir utilement qu'avant la mort de l'esclave ; (*quia et ante mortem dare eum tibi oportuerit*). Or l'esclave est mort sans qu'on l'ait examiné sur les faits véritables ; le préfet des gardes de nuit l'a fait mourir comme ayant été surpris en flagrant délit, ce qui n'était pas vrai. La condition apposée au mode doit donc être réputée défaillie ; par conséquent le mode est pur et simple ; Attius doit me retransférer la propriété de l'esclave ; j'ai contre lui la *condictio causa data* pour me faire rendre non pas l'esclave, puisqu'il n'existe plus, mais sa valeur. Pourquoi n'ai-je pas la revendication ? parce qu'il s'agit d'un contrat innommé. En vain M. Bufnoir nous dit : « La clause est supposée dans les mêmes termes que ceux sur lesquels raisonne Ulpien dans la L. 29, *D. de mort. caus. donat.;* dans un cas comme dans l'autre, il y a *res data ea lege ut sub conditione reddatur*. » Non pas ! Dans la L. 29, il s'agit d'une donation faite sous une condition conventionnelle ; cette condition peut avoir tous les effets qu'il plaît aux parties de lui donner, et, par exemple, l'effet rétroactif. Dans la L. 15, il s'agit d'une *datio* faite sous un mode, sous une *conditio legis;* cette condition ne peut être qu'une condition de rétrocession : la loi qui fait que les contrats innommés sont valables, a le droit d'en déterminer impérativement les effets, et c'est ce qu'elle a fait. M. Bufnoir exprime cela d'une autre manière, quand il dit : « Dans les contrats *do ut des,* ou *do ut facias,* la partie qui avait fait la *datio* n'a jamais eu, même dans le droit de Justinien, que la *condictio causa data causa non secuta,* et non la revendication pour recouvrer, à défaut d'exécution de la part de l'autre contractant, la chose qu'elle avait aliénée. C'est qu'il y avait une *datio* sans restriction : l'obligation de rendre naissait simplement *quasi ex contractu,* par application des principes généraux du Droit (1). » Il faut aller plus loin, et dire que si, dans un contrat innommé, les parties avaient stipulé expressément la restitution de la chose, cette convention n'aurait pas pu donner au contrat innommé d'autres effets que ceux déterminés par la loi. C'est un principe que les *conditiones legis,* exprimées par les parties, ne perdent pas pour cela leur caractère de *conditiones legis* (2).

(1) Théorie de la condition, p. 156.

(2). La L. 4, C. de rer. permut. (4, 64) n'est pas contraire à cette théorie : la stipulation dont parle ce texte n'a pas pour effet de donner au tradens la revendication contre l'accipiens, au lieu de la condictio causa data; son effet consiste

Cela détruit entièrement l'argumentation de M. Bufnoir sur la L. 15 de *condict. causa data.* « Proculus, dit-il, passe évidemment en revue toutes les hypothèses qui peuvent se présenter, et le silence qu'il garde sur le cas où l'on aurait transféré la propriété de l'esclave *ad conditionem*, prouve à mes yeux qu'il n'en admettait pas la possibilité. Pomponius est du même avis, sans quoi il aurait fait remarquer la lacune qui se serait trouvée dans le raisonnement de Proculus, et il l'aurait comblée. » Certainement, mais, moi aussi, je n'admets pas ici la possibilité d'une translation de propriété *ad conditionem*, parce que l'opération dont s'agit, n'est et ne peut être qu'un contrat innommé. Il n'y a aucun argument à en tirer pour soutenir que la translation de propriété ne pouvait avoir lieu *ad conditionem*, quand elle était faite en vertu d'un contrat nommé, ou d'une *justa causa* autre que l'intention d'obliger l'autre partie à donner ou à faire quelque chose. Dans les contrats innommés, cette intention est la seule cause qui donne un fondement juridique à la translation de propriété qui intervient la première.

Il est un texte qui en accordant l'action personnelle, refuse expressément la revendication; c'est la L. 3, C. *de pactis inter empt. et vend.* (4, 54). Que dit-elle? *Qui ea lege prædium vendidit, ut, nisi*

à donner au tradens une action contre un tiers, contre lequel il n'a pas la condictio causa data.

reliquum pretium intra certum tempus restitutum esset, ad se reverteretur, si non precariam possessionem tradidit, rei vindicationem non habet, sed actionem ex vendito. C'est bien là, dit-on, et nous l'accordons volontiers, une véritable condition résolutoire. Accordons aussi pour le moment que la condition s'accomplit. Le texte dit formellement que le vendeur n'aura que l'action *ex vendito*, et non pas la revendication. Certainement ; mais comment pourrait-il avoir la revendication, puisqu'il ne s'est pas dessaisi de la chose? On ne tient donc pas compte de ce membre de phrase : *non precariam possessionem tradidit,* il n'a pas fait tradition ! Mais, dira-t-on, si le vendeur ne s'est pas dessaisi de la chose, quel besoin a-t-il de l'action *ex vendito* à l'arrivée de la condition? l'exception *non adimpleti contractus* ne lui suffit-elle donc pas pour repousser l'acheteur qui viendrait réclamer l'exécution du contrat? Non, elle ne lui suffit pas. Il se peut que le vendeur, par suite de la négligence de l'acheteur, ait manqué de vendre sa chose à une autre personne qui l'aurait payée plus cher, ou qui, en tout cas, aurait payé tout de suite ; il doit avoir une action pour demander à l'acheteur, *id quod interest,* même en l'absence d'une clause expresse sur ce point, la vente étant un contrat de bonne foi ; cette action, c'est l'action *ex vendito*. Prétendra-t-on que *non* tombe non pas sur *tradidit,* mais sur *precariam ;* le texte alors, au lieu de supposer une vente accompagnée d'un contrat de *pre-*

carium (contrat qui du reste dans l'espèce n'aurait pas reçu d'exécution), prendrait soin de nous dire qu'aucun contrat de ce genre n'est intervenu. La L. 3, C. entendue de cette manière, ne serait pas encore suffisamment probante; on peut, en effet, remarquer qu'elle ne nous dit pas que la condition résolutoire s'est accomplie. Elle se place à un moment où cette condition est encore pendante; et alors le refus de la revendication au vendeur aussi bien que de toute autre action propre à le faire rentrer en possession de sa chose, serait tout simplement l'attestation de ce principe : Lorsque le vendeur a livré la chose en suivant la foi de l'acheteur, il ne peut la répéter *ex pœnitentia* avant l'expiration du délai fixé pour le payement, pas plus que le coéchangiste ne pourrait intenter la *condictio causa data, causa non secuta,* du moins dans notre opinion. Mais, si c'est cela, à quoi bon le dire? C'est par opposition au cas où un contrat de *precarium* est intervenu. Alors, en effet, le vendeur n'ayant transmis à l'acheteur qu'une possession précaire, pourrait, même avant le payement, après avoir suivi la foi de l'acheteur, intenter la revendication. Mais si on se place avant l'arrivée de la condition, comment accorde-t-on au vendeur l'action *ex vendito?* Pour se faire tenir compte des fruits perçus par l'acheteur, par exemple. Celui-ci ne devant pas les intérêts du restant de son prix du jour de la vente, ne saurait avoir double jouissance. La L. 3, C. est un rescrit, une décision rendue sur une espèce particulière, qui ne nous est pas exposée assez en détail; on ne peut en tirer aucun argument concluant. Cette loi 3 ne peut certainement être opposée au retour *ipso jure* de la propriété, puisqu'elle est du même empereur que la loi 4 qui la suit immédiatement, et qui suppose bien certainement ce retour *ipso jure*.

On pourrait peut-être encore nous opposer la L. 19, *D. de usurp. et usuc.* (41, 3). Outre le rapprochement que fait ce texte entre la vente *ad conditionem* et la vente affectée d'un vice rédhibitoire, cas où il n'y avait certainement ni retour *ipso jure* de la propriété au vendeur, ni rétroactivité, on y voit que dans le cas de vente *ad conditionem*, le vendeur pourra, la condition résolutoire accomplie, joindre la possession de l'acheteur à la sienne propre, pour compléter le temps de l'usucapion. Cette *accessio possessionum* suppose, dit-on, que le vendeur est l'ayant-cause de l'acheteur; s'il est l'ayant-cause de l'acheteur, la propriété de celui-ci n'est pas effacée; il n'y a pas rétroactivité. Mais Javolenus donne deux raisons, qui, suivant lui, doivent permettre au vendeur rentrant dans la propriété de sa chose d'usucaper à partir du jour de la vente : la première, c'est que la vente *ad conditionem* ressemble à la *redhibitio;* mais il y en a une seconde, dont nos adversaires disent qu'il ne faut pas tenir compte; cela est bientôt dit ! *Quoniam ea venditio proprie dici non potest.* Des auteurs traduisent *quoniam* par *quoique! Quoniam*, mis au second membre de phrase comme au premier, indique que c'est une nouvelle raison de décider ainsi, et non une objection qu'entrevoit le jurisconsulte. Le vendeur usucapera à partir du jour de la vente : 1° parce qu'il doit en être ici comme au cas de *redhibitio;* 2° parce que, de plus, dans le cas qui nous occupe, la vente est effacée, parce qu'il n'y a jamais eu de vente! Mais, si la vente est effacée, il ne peut y avoir *accessio possessionum*. Je réponds que pour le jurisconsulte ces mots n'avaient pas le sens spécial que leur attribuent les interprètes modernes. Ils peuvent aussi bien s'entendre de la faculté qu'a le vendeur de considérer l'acheteur comme ayant possédé pour lui. Le jurisconsulte n'avait pas fait cette distinction subtile. C'est là moins forcer le texte que de traduire *quoniam* par *quoique!* — Nous maintenons donc notre proposition : aucun texte du Digeste ou du Code, en dehors de la matière des donations à cause de mort, n'est contraire à la translation de propriété *ipso jure* par l'effet de la condition résolutoire.

Mais, en matière de donations à cause de mort, la controverse que nous repoussions tout à l'heure comme chimérique est bien une réalité. Ulpien, en effet, en accordant dans la L. 29, *D. de mortis causa donat.* (39, 6), la revendication au donateur qui a survécu s'exprime en ces termes : *potest defendi in rem competere donatori*, ce qui indique bien qu'il proposait une innovation, contraire à l'opinion de la majorité des jurisconsultes. Paul, en effet, dans les L. 38, § 3, *D. de usuris,* (22, 1), LL. 35, § 3 et 39, *D. de mortis causa donat.* (39, 6), Julien, dans les L. 4, *D. de donat. int. vir. et uxor.* (24, 1), et L. 13 pr. *de mortis causa donat.*, n'accordent au donateur qu'une *condictio causa non secuta.* Quelques jurisconsultes lui donnaient en outre, l'action *præscriptis verbis.* Il ne faut pas chercher à concilier ces textes avec celui d'Ulpien, et il ne faut pas chercher à conclure d'une controverse sur les donations à cause de mort à une controverse sur la question générale. Voici probablement ce qu'on se sera dit : comme les legs, les donations à cause de mort sont toujours révocables à la volonté du donateur. Pour qu'elles valent, il faut que le consentement du donateur soit permanent. Il intervient donc en quelque sorte un nouveau contrat à chaque instant de raison ; il faut qu'à chaque instant de raison, la volonté du donateur et celle du donataire concourent. Or, cela est incompatible avec l'idée de la rétroactivité, qui suppose que l'on se reporte au moment de la formation du contrat, parce que c'est seulement à ce moment que l'on peut trouver la volonté des parties en concours. Il est bien clair que s'il y avait un nouveau contrat au moment de l'arrivée de la condition, l'effet de ce contrat ne pourrait être qu'une rétrocession, sans rétroactivité. Eh bien, en cas de donation à cause de mort, il y a un nouveau contrat au moment de l'accomplissement de la condition, puisqu'il y en a un à chaque instant de raison ; seulement ce contrat est tacite. Voilà pourquoi on a tardé à appliquer aux donations à cause de mort la règle ordinaire de la rétroactivité ; voilà pourquoi, du temps des jurisconsultes, Ulpien est encore seul de son avis. On nous dira que ce raisonnement prouve l'impossibilité de la rétroactivité, et non celle du retour de la propriété *ipso jure*. Mais l'un ne peut pas aller sans l'autre ; autrement il y aurait translation de la propriété *ad tempus*, ce qui est impossible en droit Romain.

En somme, le système que nous venons d'exposer est celui qui nous semble le plus conforme aux textes. Dans tous les systèmes, il y a des textes embarrassants ; dans tous, il faut se résigner à des inconséquences. Le nôtre admet, conformément au principe de la liberté, une clause que ni les textes, ni les règles fondamentales du droit Romain ne repoussent formellement. Il admet une exception, mais dans une matière exceptionnelle.

Nous avons déjà, dans le cours de notre discussion, indiqué un grand nombre d'effets de la condition résolutoire. Nous allons en reproduire ici quelques-uns, en nous plaçant successivement *pendente conditione*, puis après l'accomplissement ou la défaillance de la condition.

Celui à qui une chose est transmise sous condition résolutoire, en devient propriétaire *ab initio*, ou, si la chose n'appartenait pas à l'aliénateur, il est placé immédiatement *in causa usucapiendi*. (L. 2, § 1, *D. de in diem addict.*) *Pendente conditione*, c'est lui qui aura seul l'action en revendication contre les tiers (1) ; il pourra librement aliéner la chose et la grever de droits réels, mais sans pouvoir préjudicier au droit de propriété qui doit, le cas échéant, revenir au vendeur.

Quelle serait, sur la défaillance ou l'accomplissement de la condition, l'influence de la mort naturelle ou juridique de l'une des parties, survenue *pendente conditione ?* La *maxima* ou la *media capitis deminutio*, la mort de l'une des parties décédée *pendente conditione* sans laisser d'héritier, qui mettrait obstacle à la translation de propriété par suite de l'accomplissement d'une condition suspensive, n'empêcherait pas ici la condition de défaillir ou de s'accomplir utilement. En principe, il en serait de même de la perte totale de la chose. Mais, si l'on suppose une vente avec pacte d'*in diem addictio*, formant condition résolutoire, la perte de la chose, empêchant toute offre de conditions meilleures, met un obstacle invincible à l'accomplissement de la condition. (LL. 2, § 1, et 3, *D. de in diem addict.*) De même, il paraît qu'on n'admettait plus l'acheteur à invoquer le *pactum displicentiæ*, quand la chose était venue à périr par cas fortuit,

(1) Arg. L. 29. D. de mort. caus. donat.

même avant le terme convenu. C'est, du moins, ce qui semble résulter de la L. 20, § 1. *D. de præscript. verb.* (19, 5). En effet, l'acheteur est maintenant sans intérêt à alléguer que la chose n'est pas propre à remplir le but dans lequel il l'avait achetée. Bien que l'acheteur *ad comprobationem* soit absolument libre de se dédire, l'intention des parties a été que ce dédit fût inspiré uniquement par l'appréciation du mérite de la chose vendue. On doit donc reconnaître que *post interitum rei*, la condition résolutoire dont il s'agit ne peut plus s'accomplir conformément à l'intention des contractants (1).

La condition résolutoire accomplie a un effet rétroactif. C'est ce qui résulte de la L. 9, pr., *D. de aqua et aquæ pluv.* Ce texte établit la rétroactivité non pas seulement sur un point, comme on le dit, mais d'une manière générale. Il en ressort, en effet, que l'acquéreur doit, la condition résolutoire accomplie, être considéré comme n'ayant jamais été propriétaire. Il faut le consentement du vendeur et de l'acheteur pour qu'il soit certain, à tout événement, que la cession a été faite par le propriétaire. C'est donc que la résolution de la vente fera que l'acheteur n'aura pas été propriétaire *pendente conditione*. L'argumentation de M. Bufnoir sur cette loi 9 ne détruit nullement cet argument. Mais on nous oppose les L. 4, § 3, *D. de in diem addict.* (18, 2), et L. 3,

(1) M. Bufnoir, op. cit. p. 152-163.

D. quib. mord. pign. solv. (20, 6). Ces lois supposent que dans l'intention des parties la clause d'*addictio in diem* n'était pas conçue avec rétroactivité. C'est ce qui me semble ressortir très-clairement du texte de la loi 4; bien traduite, elle dit ceci : une vente a été faite sous la condition résolutoire d'*addictio in diem;* l'acheteur consent une hypothèque sur la chose vendue, puis la condition se réalise; Marcellus nous dit que l'hypothèque *prend fin;* ce qui indique bien, ajoute Ulpien, que dans l'espèce prévue par Marcellus, l'acheteur devait rester à tout événement propriétaire intérimaire, autrement le jurisconsulte ne nous dirait pas seulement que l'hypothèque *prend fin;* il dirait qu'elle est *rétroactivement effacée.* Ce texte nous indique que quand les parties avaient simplement joint à la translation de propriété une condition résolutoire, sans dire formellement quels effets elles entendaient y attacher, on présumait que la rétroactivité avait été dans leurs prévisions. Le principe de la rétroactivité établi, voyons-en les conséquences. Les droits conférés *interim* par l'acquéreur sur la chose seront anéantis, ainsi que ceux acquis par lui au profit de la chose. S'il a succombé dans une contestation relative à la propriété de la chose, il n'aura compromis que son droit, et la chose jugée ne sera pas opposable au vendeur après la résolution accomplie. De même, s'il a affranchi l'esclave, ou s'il a rendu religieux le terrain, objet de la translation de propriété, ces actes seront non avenus. Réciproquement, les actes faits par l'aliénateur *pendente conditione* seront rétroactivement validés. Ainsi, en supposant qu'il a légué la chose *per vindicationem*, ce legs vaudra, si la résolution s'accomplit ensuite du vivant du testateur. Serait de même valable la tradition qu'il aurait faite de la chose; mais cela se présentera rarement, puisqu'ordinairement c'est l'acquéreur qui est en possession. N'y a-t-il pas des exceptions au principe de la rétroactivité? D'abord, la rétroactivité ne s'applique pas aux choses de fait : ainsi l'acquéreur reste propriétaire des fruits par lui perçus *pendente conditione*. De même, bien qu'en principe l'événement de la condition efface la *justa causa* qui a servi de base au transport de la propriété, néanmoins l'usucapion accomplie par l'acquéreur lui reste acquise malgré l'événement de la condition. Ensuite, dans le cas de donation à cause de mort, jusqu'à Ulpien, de même qu'il n'y a aucune retranslation *ipso jure* de la propriété, il n'y a non plus aucune rétroactivité. Ne faut-il pas dire qu'il n'y a non plus aucune rétroactivité dans le cas où la condition résolutoire dépend de la pure volonté de l'acquéreur? Nous serions assez disposé à étendre ici cette règle qui existe certainement en matière d'obligations. Les L. 4, *D. quæ res pignori* (20, 3), LL. 9, § 1, 11, pr., *D. qui potior. in pign.* (20, 4) nous montrent en effet que quand la formation d'un contrat était subordonnée à une condition dépendant de la pure volonté du débiteur, les effets du contrat se produisaient seulement à partir de l'événement de la condition, parce que c'est à ce moment seulement qu'il y avait véritablement concours des deux volontés. Si cela est vrai d'une condition suspendant la formation d'un contrat, cela doit l'être aussi d'une condition suspendant la translation de la propriété. Les motifs sont les mêmes : s'il y a rétroactivité, c'est parce que l'on se reporte au moment où les deux parties ont été d'accord sur la retranslation de la propriété ; si ce moment est seulement celui de l'accomplissement de la condition, il ne peut y avoir rétroactivité. Mais nous n'avons pas de texte.

La résolution ayant lieu de plein droit, l'aliénateur ou ses héritiers ont immédiatement la revendication contre l'acquéreur, ses héritiers, ou les tiers à qui il a livré la chose. L'aliénateur a en même temps une action personnelle. Cette action lui est nécessaire pour obtenir de l'acquéreur les fruits et autres accessoires produits par la chose avant que l'aliénation fût résolue ; c'est même la seule à laquelle il pût recourir quand il avait donné la chose d'autrui, et qu'elle avait été usucapée dans l'intervalle (1).

Examinons maintenant les effets de la condition défaillante, et demandons-nous d'abord dans quels cas cette défaillance a lieu. La condition doit être

(1) L. 13, pr. D. de mortis caus. donat. (39, 6).

considérée comme défaillie *ab initio,* ou plutôt comme n'ayant jamais existé, quand c'est une condition illicite ou immorale. En effet, en ce cas, la translation de propriété est valable; seule, la condition résolutoire est effacée. *Utile per inutile non vitiatur.* Il en serait autrement si, sous forme d'une condition résolutoire, on avait voulu éluder les principes qui régissent la condition suspensive. Exemple : je vous livre la propriété d'une chose si vous commettez un crime; tout est nul. Maintenant, je vous livre la propriété d'une chose, et je dis : si vous ne commettez pas tel crime, la propriété me fera retour. Ici encore tout est nul. Toutes les fois que la condition résolutoire peut s'accomplir *post interitum rei,* la perte totale survenue *pendente conditione* n'empêche pas la résolution au préjudice de l'acquéreur, si la condition se réalise. Il en est de même de la mort de l'acquéreur : elle n'empêche ni le maintien, ni la résolution de la translation de propriété à lui consentie, à moins que la condition ne consiste dans un acte volontaire de sa part.

La condition défaillante consolide le droit de propriété de l'acquéreur, et le rend irrévocable. Si je suppose que l'acquéreur, esclave ou fils de famille, au moment de l'acte translatif de propriété, se trouve *sui juris* au moment où la condition vient à défaillir, la propriété, transférée *ab initio,* n'a pu l'être qu'au profit du père ou du maître, et on ne conçoit guère qu'elle se déplace par suite de l'émancipation ou de l'affranchissement. Pourtant la L. 44 *in fin.*, *D. de mort. caus. donat.* (39, 6) donne, en matière de donation à cause de mort, une décision toute différente. Une donation à cause de mort a été faite à un esclave ; Paul décide que la chose donnée n'en resterait pas moins au maître, quand même l'esclave aurait été affranchi *post mortem donatoris, ante apertas tabulas testamenti*. C'est donc que si l'esclave avait été affranchi avant la mort du donateur, il aurait profité pour lui-même de la donation. Mais c'est là une solution toute spéciale à la donation à cause de mort, qui s'explique suffisamment par l'assimilation établie entre ce genre de libéralité et les legs. « Par suite de cette assimilation, dit M. Bufnoir (1), on appliquait ici la règle qui reporte à l'événement de la condition l'acquisition du legs conditionnel. Le texte fournit lui-même la justification de cette manière de voir : l'idée que le jurisconsulte a voulu plus particulièrement mettre en relief, c'est qu'à la différence de ce qui se passe pour les legs sous l'empire des lois caducaires, il ne fallait pas reporter au jour de l'*apertura tabularum* l'acquisition du droit dérivant d'une donation à cause de mort. D'où l'on voit qu'il s'agissait pour lui de l'extension plus ou moins complète qu'il convenait de fair à la donation *mortis causa* des règles concernant les legs. »

(1) De la Condition. p. 492.

B. Conditiones legis. — 1° *Donations entre vifs.* — Il paraît que très-anciennement, le patron qui avait fait une donation à son affranchi, pouvait la révoquer *ad nutum*. Du reste, cette faculté de révocation mourait avec le patron, il ne la transmettait point à ses héritiers (1). Plus tard on restreignit ce privilége du patron au cas où, sans enfants au moment de la donation, il lui en serait survenu depuis. C'est ce que nous voyons dans une constitution de l'an 355, qui forme au Code la L. 8 *de revoc. donat.* (8, 56).

Il est probable que la révocation de la donation pour cause d'ingratitude, fut de même, dans le principe, un privilége spécial au patron. L'ascendant donateur fut mis ensuite sur la même ligne que le patron. Une constitution, de l'an 349, porte que la mère donatrice peut, en cas d'ingratitude de l'enfant donataire, révoquer la donation, pourvu qu'elle ne soit pas remariée (2). Enfin, Justinien a généralisé le principe en accordant à tout donateur le droit de révocation pour cause d'ingratitude. Sa constitution, qui est de l'année 530, forme au Code la L. 10 *de revoc donat.* Aux termes de cette loi, la révocation pour cause d'ingratitude, qui s'exerce au moyen d'une *condictio ex lege*, ne peut être demandée que par le donateur lui-même contre le donataire en per-

(1) Fragm. Vatic., §§ 272 et 313.
(2) L. 7, C. de revoc. donat. (8, 56).

sonne; l'action n'est transmissible, ni activement ni passivement.

2° *Contrats innommés* do ut des *et* do ut facias. — La personne qui transmet à une autre la propriété d'une chose, afin d'obliger cette dernière personne à transférer elle-même la propriété d'une chose, ou à accomplir un fait, fait évidemment une translation de propriété sous condition résolutoire. Cependant, en principe, si l'*accipiens* n'accomplit pas l'obligation créée à sa charge par la translation de propriété, le *tradens* n'a contre lui que l'action *præscriptis verbis* pour le forcer à accomplir cette obligation, ou à lui payer des dommages-intérêts. Mais ce principe souffre deux exceptions, par suite de l'application de la *condictio causa data causa non secuta*, et de la *condictio ob turpem causam*.

1° La *condictio causa data causa non secuta* appartenait à la partie qui avait fait la translation de propriété, quand l'autre partie n'accomplissait pas son obligation, par suite d'un dol ou d'une faute, ou lorsque, un délai ayant été fixé pour l'accomplissement de l'obligation, ce délai était expiré (1). Cette action ne se retrouve pas dans les contrats nommés parfaitement synallagmatiques. Supposons, par exemple, que Primus m'ait vendu un immeuble; j'ai payé le prix immédiatement. Plus tard Primus,

(1) L. 16, D. de cond. caus. dat. (12, 4). L. 5, § 1 et 2, D. præscript. verb. (19, 5).

par son dol ou par sa faute, ne peut plus me livrer l'immeuble; je n'aurai pas la *condictio causa data*. Cela vient du but que je me suis proposé en transférant à Primus la propriété des deniers, objet du prix de vente : j'avais l'intention, non pas de faire naître à sa charge une obligation civile, puisqu'il était déjà civilement obligé par le fait seul de la vente, mais de me libérer de l'obligation incombant à ma propre charge. Donc, quand même Primus ne me livrerait pas la chose, il faudra dire que j'ai atteint le but que je me proposais. Dans l'échange, au contraire, la partie qui, la première, transfère la propriété, se propose de faire naître une obligation civile à la charge de l'autre partie. Si celle-ci n'exécute pas cette obligation, la cause que j'avais en vue ne s'est pas réalisée. La *condictio causa data causa non secuta* est-elle accordée, lorsque l'*accipiens* se trouve dans l'impossibilité d'exécuter son obligation, en raison de la perte par cas fortuit de l'objet promis? S'il s'agissait d'une vente, par exemple, je vous paye cent avant que vous livriez Stichus, puis Stichus périt par cas fortuit, je n'aurais pas le droit de redemander mes cent, en vertu de cette règle d'équité qui veut que, lorsqu'une personne se trouve, par cas fortuit, dans l'impossibilité d'accomplir son obligation, les choses se passent comme si elle l'avait en réalité accomplie. *A priori*, on ne voit pas pourquoi il en serait autrement en matière d'échange; en effet, dès qu'une des parties a transféré la propriété, il y a obligation à la charge de l'autre, et le contrat peut être considéré comme synallagmatique. Aussi la L. 5, § 1, *D. præscript. verb.* (19, 5) dit-elle qu'à partir de ce moment, Stichus est aux risques du *tradens*. Cette décision est confirmée par la L. 10, *C. de condict. ob. caus. dat.* (4, 6). Il faut donc dire que la L. 16, *D. de condict. caus. dat.* (12, 4) ne saurait être en désaccord avec ces deux textes : dans l'hypothèse de cette loi, on doit supposer que Stichus était déjà mort au moment où la translation de propriété est intervenue; dès lors, aucune obligation n'a pu naître à la charge de l'autre partie. C'est comme si, dans une vente, la chose vendue était déjà périe au moment du contrat. Si l'on objecte que précisément le jurisconsulte, en disant : *repetere possum*, a l'intention d'indiquer une différence entre la vente et l'échange, ce qu'indique le mot *ideo*, on peut encore dire que le texte suppose que Stichus périt par suite du dol ou de la faute de l'obligé.

La *condictio causa data causa non secuta* peut elle être intentée de plein droit, par cela seul que l'autre partie n'exécute pas son obligation, ou au contraire ne faut-il pas d'abord l'avoir mise en demeure? La L. 5, *C. de rer. permut.* (4, 64), suppose nécessairement que la partie doit être mise *in mora;* si un délai n'a pas été fixé par la convention, le président de la province en fixera un, et c'est seulement si à l'expiration de ce délai la partie n'a pas accompli son obligation, que la *condictio causa data* pourra être intentée contre elle (1). Cette décision, jointe aux textes précédents, desquels résulte l'identité de la vente et de l'échange au point de vue des risques, nous amène à résoudre par la négative la question controversée de savoir si le *tradens* n'aurait pas la *condictio causa data, ob meram pœnitentiam*. En effet, l'exercice de la *condictio ob pœnitentiam* est incompatible avec la nécessité de constituer l'*accipiens in mora*. D'un autre côté, si les risques sont pour le *tradens* à partir de la translation de propriété, c'est que dès ce moment il y a un contrat civilement obligatoire ; or, si le *tradens* peut reprendre sa chose à son gré, en réalité il n'est pas obligé, il n'y a pas de contrat. Il y aurait là un contrat boiteux, anomalie juridique, qui peut s'excuser, quand on se trouve en présence d'un incapable, mais qui ne se comprend plus dès qu'il s'agit de deux personnes également capables, également dignes de protection. On a dit que le contrat étant réel, il n'existe que dans l'intérêt de celui qui a exécuté, parce que c'est à son égard seulement qu'on peut dire qu'il y a *res ;* mais alors le commodant pourrait toujours reprendre à son gré ce qu'il a prêté, ce qui lui est pourtant interdit (2). On ajoute que pour l'échangiste qui a livré, il n'y a pas de *causa obliga-*

(1) Id., L. 7, C. eod. tit.
(2) L. 17, 3, D. commodat. vel. cont. (13, 6).

tionis. C'est une erreur; la prestation qu'il a faite lui a profité, puisqu'il a lié l'autre envers lui. Cette créance, qu'il a acquise, ne fournit-elle pas une *res*, une cause suffisante d'obligation? L'intention d'obliger l'autre partie ne peut chez le *tradens* se séparer de l'intention de s'obliger lui-même. On a voulu assimiler la position de ce *tradens* à celle de l'héritier ou du légataire qui accomplit l'aliénation imposée comme condition à son institution ou à son legs. Mais ces personnes ne connaissent pas la succession; elles n'ont pas débattu contradictoirement avec le *de cujus* les avantages de l'affaire dont il s'agit; dès lors il y aurait injustice, si on leur défendait de répéter ce qu'elles ont donné pour acquérir une succession ou un legs qu'elles supposaient avantageux. Tout autre est la position des deux contractants. Cependant plusieurs textes, en même temps que la *condictio ob causam non secutam*, accordent au *tradens* la *condictio ob pœnitentiam*. Ce sont les LL. 3, § 2, 5 pr., § 1 et 2, *D. de condict. caus. dat.* (12, 4), et L. 5, § 2, *D. præscript. verb.* (19, 5). Tous ces textes, excepté le pr. de la L. 5, *de condict. caus. dat.* se réfèrent à une hypothèse unique, celle où une dation a été faite en vue d'obtenir un affranchissement, soit de la part du propriétaire d'un esclave soit de la part de quelqu'un qui achètera un esclave afin de l'affranchir. Or, ici le *jus pœnitendi* n'a rien de choquant, puisqu'il s'agit d'une personne qui n'a été mue que par une idée de bienfaisance, et qui n'a retiré aucun avantage pécuniaire du sacrifice qu'elle avait fait. C'est là une exception; mais quelle est au juste l'étendue de cette exception? Paul, dans la L. 5, § 2, *præscript. verb.*, se demandant si la *condictio ob pœnitentiam* doit être admise, recherche à quel contrat nommé ressemble le contrat *do ut facias*, quel est le caractère du fait exigé de la partie qui a reçu la *datio*. Si ce fait est de ceux *quæ locari solent*, il n'y a pas de *condictio ob pœnitentiam*. Mais si ce fait est par exemple *ut servum manumittas*, c'est-à-dire s'il est de ceux *quæ mandari solent*, il y aura lieu à cette *condictio*. L'espèce de la L. 5, pr. *de condict. caus. dat.* offre également de l'analogie avec un mandat. Les contrats innommés n'ont pas de règles qui leur soient propres ; ils empruntent celles des contrats nommés correspondants, avec lesquels ils présentent le plus d'analogie; par exemple ceux qui ressemblent au mandat lui empruntent sa révocabilité. Il faut donc poser cette formule: la *condictio ob meram pœnitentiam* se donne par exception dans certains contrats innomés *do ut facias* qui présentent de l'analogie avec le mandat. Même dans ces cas, si l'exercice de la *condictio* devait être contraire à l'équité, par exemple si l'*accipiens* avait déjà fait des dépenses en vue d'accomplir son obligation, la *condictio* ne pourrait plus avoir lieu. (L. 5, pr., *de condict. caus. dat.*).

2. Lors même qu'il n'y a ni dol ni faute de la

part de l'*accipiens*, lors même qu'aucun délai n'ayant été fixé pour l'exécution de l'obligation, on ne se trouve pas dans un des cas exceptionnels où la *condictio ob pœnitentiam*, le *tradens* peut *condicere* immédiatement, si la *causa* en vue de laquelle il a transféré la propriété est *turpis* de la part de l'*accipiens* (1). S'il y avait *turpis causa* de la part des deux parties, ou de la part du seul *tradens*, la répétition ne serait pas possible (2). Toutefois, la *turpitudo* commise par un mandataire ne nuit pas au mandant. C'est ce que nous apprend la L. 5, *D. de condict. ob turp.*, (12, 5.) L'esclave, en effet, est considéré comme représentant son maître.

3° Il y aurait encore une *conditio legis* résolutoire dans le cas où la propriété aurait été transférée sous une *causa* ayant un caractère successif. Si cette cause, existante à l'origine, venait à cesser par suite d'un événement futur et incertain, le *tradens* aurait pour rentrer en possession de sa chose, la *condictio sine causa* (L. 1, § 2, *D. de condict. sine causa*). (12, 7).

II. LEGS PER VINDICATIONEM. — Il faut distinguer ici, comme pour la condition suspensive, le droit au legs lui-même, qui peut être subordonné à une condition résolutoire affectant indirectement

(1) LL., 1, § 2, 4, § 2. D. de condict. ob turp. (12, 5.)
(2) LL., 3, 4, § 3, D. de condict ob turp.

le droit de propriété conféré par le legs, et le droit de propriété conféré par le legs.

Il ne paraît pas qu'on ait connu à Rome le legs fait sous une condition résolutoire; mais on pouvait, après avoir fait un legs pur et simple, y ajouter une révocation conditionnelle. Toutefois, on n'arrivait pas de cette manière à un legs sous condition résolutoire : il était considéré comme fait sous la condition suspensive inverse de celle à laquelle était subordonnée la révocation, et il était traité, en principe, comme un legs sous condition suspensive. C'est ce qu'indiquent très-nettement les L. 10 pr. *D. de adim. vel transf. leg.* (34, 4) L. 107, *in fin. D. de condit. et demonstr.* (35, 1) L. 6, pr. *D. quando dies legat.* (36, 2). Ainsi qu'on le voit par le premier de ces textes, le *dies cedens* du legs révoqué *sub conditione,* était retardé jusqu'à la défaillance de la condition à laquelle était subordonnée la révocation elle-même. Cependant, on n'avait pas admis que le legs pût se trouver par là soustrait aux nullités résultant de l'application de la règle Catonienne. C'est ce que décide la L. 14 pr. *de adim. vel. transf. leg.*, par la raison que l'*ademtio* est plutôt faite pour détruire le legs que pour le confirmer.

A l'inverse, il y avait des cas où l'on transformait une condition suspensive édictée par le testateur en la condition résolutoire contraire. Cela avait lieu toutes les fois que la condition, de quelque manière qu'elle était formulée, pouvait être convertie en une condition négative potestative de la part du légataire, et indéfinie, c'est-à-dire susceptible de s'accomplir ou de défaillir jusqu'au moment de son décès. (LL. 7 pr., 73, 106, *D. de condit. et demonstr.*, etc.) Par exemple : *Titio fundum Cornelianum do lego, si in Capitolium non ascenderit.* La rigueur des principes conduirait à dire que, puisque Titius peut monter au Capitole jusqu'à l'instant de sa mort, le legs ne lui sera acquis qu'à cet instant, et par conséquent ne profitera qu'à son héritier. Mais cela serait singulier dans une disposition essentiellement faite en faveur de la personne. Alors on transforme la condition négative suspensive en une condition positive résolutoire ; le legs est considéré comme pur et simple ; le *dies cedens* a lieu à la mort du testateur ; mais la propriété du fonds n'est pas transférée au légataire à partir de ce jour ; l'héritier devra lui en transférer la propriété, et il ne le fera que si Titius lui donne caution de le restituer, pour le cas où il monterait au Capitole. Cette caution est appelée *caution Mucienne*, du nom du jurisconsulte qui en a donné la formule. Cette caution était une *satisdatio*. (LL. 67 et 106. *D. de condit. et demonstr.*) Elle était fournie à l'héritier dans tous les cas, quand même ce n'est pas lui qui devait, en cas de contravention, profiter de la déchéance du légataire, par exemple si le testateur avait appelé un autre légataire *in defectum con-*

ditionis. En effet, ce légataire en deuxième ordre n'étant appelé que sous condition, puisqu'il aurait perdu toute espèce de droit s'il était mort avant la contravention, il aurait pu arriver que la *satisdatio* reçue par lui fût sans effet. (LL. 67 et 73, *D. ead.*)

Il y a deux cas où l'*ademtio* du legs a lieu en vertu de la loi ; c'est dans l'ancien droit le cas où le testament est rompu par l'*agnatio* d'un *suus* qui n'a été ni institué ni exhérédé dans ce testament, dans le droit de Justinien, le cas où le testament est rompu par la naissance d'un *postumus suus* qui n'a été ni institué ni exhérédé ; c'est en second lieu le cas où un descendant, un ascendant, un frère ou une sœur du testateur a intenté la *querela inofficiosi testamenti*, et a triomphé. (L. 8, § 16, *D. de inofficioso testamento* (5, 2).

Plaçons-nous maintenant à notre second point de vue : pouvait-on par legs conférer un droit de propriété susceptible de s'éteindre par l'arrivée d'une condition, soumis à une condition résolutoire? Nous croyons qu'on l'a toujours pu. La L. 26, C. *de legatis* (6, 37) n'implique nullement le contraire, puisqu'elle parle d'un droit de propriété conféré *ad tempus*, et que transférer un droit de propriété *ad conditionem*, ce n'est pas, comme nous l'avons montré, conférer un droit de propriété *ad tempus*. La condition résolutoire accomplie aura un effet rétroactif. Nous renvoyons pour les détails à ce que nous avons dit sur les actes entre vifs.

Le droit de propriété résultant d'un legs *per vindicationem*, n'était jamais transmis au légataire que sous la condition résolutoire de sa répudiation, du moins dans l'opinion des Sabiniens, qui avait prévalu. Cette condition résolutoire avait un effet rétroactif (G, II, § 195).

RÈGLES COMMUNES A LA CONDITION SUSPENSIVE ET A LA CONDITION RÉSOLUTOIRE.

Dominium revocabile.

Le *dominium revocabile* constitue une limitation de la propriété dans le temps. Il y a *dominium revocabile* dans le cas où il y a translation de la propriété, et où, dès l'instant de cette translation, il est certain que, si tel événement arrive, cette propriété sera d'elle-même, *ipso jure*, transférée à une autre personne que l'acquéreur. Cette situation juridique se distingue profondément du cas où il y a *domi-*

mium pendens, et du cas où il y a simple *obligatio ad retradendum*. En cas de *dominium pendens*, si l'événement se produit, il est certain, ou bien qu'une propriété pleine et irrévocable a été transférée dès le principe, ou bien qu'aucune propriété n'a jamais été transférée. Dans le cas où je transfère la propriété d'une chose à un tiers, en lui faisant promettre que, si tel événement arrive, il me la retransfèrera, c'est en réalité un *dominium irrevocabile* que j'ai transmis. En effet, si le propriétaire actuel, au mépris de son *obligatio ad retradendum*, aliène la chose ou consent sur elle des droits réels, l'événement se produisant, ces droits demeurent entièrement valables ; l'aliénateur n'a contre l'acquéreur qu'une action en indemnité.

Pratiquement, dans quels cas trouvons-nous des exemples de *dominium revocabile?* Dans plusieurs cas ; mais, pour ne pas sortir de notre sujet, nous n'indiquerons que ceux où l'événement qui réalise la *revocatio dominii* est une condition :

1° S'il y a translation de propriété sous condition suspensive ou résolutoire conventionnelle, le *tradens* dans le premier cas, l'*accipiens* dans le second, ont un véritable *dominium revocabile*.

2° De même, en cas de legs affecté d'une véritable condition, l'héritier a un *dominium revocabile*.

3° Si l'usufruit d'une chose frugifère appartient à une personne, et que la séparation et la perception des fruits n'aient pas lieu au même moment, le nu-propriétaire a sur les fruits séparés, jusqu'au moment de la perception, un *dominium revocabile.* Il est propriétaire de ces fruits sous la *conditio legis* résolutoire : *si eos usufructuarius perceperit.* C'est ce qu'indique la L. 12, § 5, *D. de usufr.* (7, 1).

4° Dans le droit de Justinien, l'époux est propriétaire des *lucra nuptialia* sous la *conditio legis* résolutoire *si ad secundas nuptias convolet.* Si cet époux contracte un nouveau mariage ; la propriété des *lucra nuptialia* passe immédiatement, *ipso jure,* aux enfants du premier mariage, et l'époux *binubus* n'en conserve que l'usufruit. (Nov. 22, chap. 24, 26.)

Voici les règles qui s'appliquent à tous les cas de *dominium revocabile :*

1° Les aliénations, les droits réels consentis par celui qui a un *dominium revocabile* tombent à l'arrivée de la condition, tantôt à cause de l'effet rétroactif de cette condition, tantôt par l'application de la maxime *nemo plus juris in alium conferre potest quam ipse habet.*

2° Si la chose dont une personne a le *dominium revocabile* est volée ou endommagée, c'est toujours au propriétaire intermédiaire qu'appartiennent les actions résultant de ce vol ou de ce dommage, quand même la condition résolutoire s'accomplissant viendrait à lui enlever la propriété. (L. 12, § 5, *D. de usufr.*).

3° La confusion, la consolidation opérée en la

personne de celui qui a un *dominium revocabile*, demeure irrévocable, quand même la condition résolutoire viendrait ensuite à s'accomplir. (L. 17, *D. quib. mod. usufr.* (7, 4), L. 6, *D. de manum. test.* (40, 4.)

4° Les choses acquises à un fonds par accession, le trésor, les choses acquises par l'entremise d'un esclave, le *partus ancillæ*, restent en cas de *dominium revocabile* au propriétaire intermédiaire. (L. 16, *D. de statuliber.* (40, 7), LL. 15, 16, *D. de statu hom.* (1, 5), L. 11, *D. de opt. leg.* (33, 5.)

5° Si celui au profit duquel s'accomplit la condition résolutoire affectant le *dominium revocabile est sui juris* au moment où la condition s'accomplit, c'est pour lui-même qu'il acquiert la propriété, quand bien même il aurait été *alieni juris* au moment de l'opération qui a donné naissance au *dominium revocabile*. (L, 14, § 3, *D. quand. dies legator.* (36, 2), L. 11, § 2, 6, *D. de donat. int. vir. et ux.* (24, 1.)

DROIT FRANÇAIS

En passant du droit Romain au droit Français, notre sujet se modifie sensiblement. En droit Romain, nous n'avons pas étudié la condition dans les contrats, parce que le contrat par lui-même ne transfère pas la propriété; en droit Français la translation de la propriété est un des effets du contrat; nous étudierons donc la condition dans les contrats; c'est même là que nous l'étudierons à fond, et que nous en poserons les règles générales. Nous devrons aussi nous occuper de l'accession, que l'art. 712 déclare être un mode d'acquisition de la propriété; nous aurons même à nous demander si ce principe doit être accepté d'une manière absolue. En droit Romain, nous ne nous sommes jamais préoccupés de la translation de la propriété à l'égard des tiers : la tradition, consistant dans un acte matériel, portait en elle-même sa publicité. Aujourd'hui que la propriété est transférée par le seul contrat, il a fallu organiser un système de publicité pour porter cette opération juridique à la connaissance des tiers. C'est la transcription, rétablie par la loi du 23 mars 1855. Tout acte entre vifs translatif de droits réels doit être transcrit ; s'il ne l'a pas été, le droit réel ne sera pas opposable aux tiers ; la propriété, par exemple, n'aura pas été transférée à leur égard. La transcription étant donc un mode de translation de la propriété à l'égard des tiers, nous devrons l'étudier en tant qu'elle s'appliquera à des droits conditionnels. Nous ne nous demanderons pas, du reste, quels sont ces tiers ; c'est là une question qui ne rentre pas directement dans notre sujet. Nous étudierons les principales conditions résolutoires *legis* qui se trouvent dans le Code : ces conditions résolutoires se divisent en deux groupes distincts, les résolutions proprement dites, et les rescisions. Nous n'avons pas eu occasion de nous occuper de ces dernières en droit Romain, parce que la théorie des nullités relatives, ou mieux de l'annulabilité, est presque entièrement étrangère à ce droit. Il y a nullité absolue, *de non esse*, ou bien les vices de l'opération juridique la laissent parfaitement valable en droit civil ; la partie lésée peut seulement recourir au Préteur, qui pourra lui donner une action ou une exception *doli mali*, lui accorder une *restitutio in integrum*, etc.... Pourtant, nous avons signalé la *querela inofficiosi testamenti*, qui, jusqu'à un certain point, agit comme une cause d'annulabilité du droit Français. En droit Français, le contrat annulable est valable en principe, mais la partie lésée a le droit d'en demander la nullité pendant un certain temps. Ce qui fait annuler le contrat, c'est donc moins le vice lui-même, que l'intention manifestée de s'en prévaloir. Or, la manifestation de cette intention est un événement futur et incertain; les rescisions jouent, par conséquent, dans notre droit, le rôle d'une condition résolutoire.

CONDITION SUSPENSIVE.

I. Accession. — Lorsqu'un tiers de mauvaise foi a construit avec ses matériaux, ou fait des plantations avec ses arbres sur le sol d'autrui, le propriétaire du sol est propriétaire des constructions ou des plantations sous cette condition suspensive: s'il les accepte. Ce serait en effet blesser la justice que de lui imposer l'obligation de conserver à ses frais des constructions qui n'entrent pas dans ses vues. Le propriétaire du sol a donc un choix à faire; jusqu'à ce qu'il exerce son option, la propriété des constructions ou des plantations est *in pendenti*. Si le propriétaire ne veut pas conserver les constructions, le constructeur doit les détruire à ses frais, et restituer les lieux dans leur état primitif, sans qu'on puisse l'obliger, croyons-nous, à respecter les travaux, de la destruction desquels il ne peut tirer profit. Il peut même être condamné à des dommages-intérêts envers le propriétaire. Si la condition suspensive s'accomplit, le propriétaire du sol est considéré rétroactivement comme propriétaire des plantations ou constructions du jour où elles ont été faites. Il est censé les avoir commandées lui-même, ce qui entraîne pour lui l'obligation de payer tout ce qu'elles ont coûté, et non pas seulement la plus value qu'elles ont donnée à l'immeuble (art. 555 C. N.).

Lorsqu'une portion considérable et reconnaissable d'un terrain a été apportée par la violence du fleuve à côté de mon champ où elle s'est arrêtée, si je me suis mis en possession dans l'année du détachement, j'en suis propriétaire sous la condition suspensive ; si le propriétaire du champ dont la parcelle a été détachée ne la revendique pas dans cette même année. S'il la revendique dans ce délai, je suis évincé, et je suis considéré comme n'ayant jamais été propriétaire ; mais si la condition suspensive se réalise, je suis considéré rétroactivement comme propriétaire à partir du jour où je me suis mis en possession. Si je ne me suis pas mis en possession dans l'année du détachement, il n'y a pas transport conditionnel de propriété ; car, de deux choses l'une : ou bien je ne me suis pas mis du tout en possession, et alors le propriétaire de la parcelle triomphera dans sa revendication, même après l'expiration de l'année, ou bien je me mets en possession après l'expiration de cette année, et alors je deviens instantanément propriétaire (art. 559 C. N).

Dans les deux cas précédents, bien qu'il s'agisse de transport de propriété immobilière, il ne saurait être question de transcription : ce que la loi du 23 mars 1855 soumet à la transcription, ce sont les actes translatifs de propriété immobilière ; or ici il n'y a pas d'acte ; la translation de propriété s'opère, non par la volonté des parties, mais par la volonté de la loi.

En cas d'adjonction, lorsque la chose unie est beaucoup plus précieuse que la chose principale, et quand elle a été employée à l'insu de son propriétaire, le propriétaire de la chose principale n'est propriétaire de la chose unie que sous la condition suspensive : si le propriétaire de la chose unie ne réclame pas la séparation de sa chose. Celui-ci a en effet le droit de demander que sa chose soit séparée pour lui être rendue, même quand il pourrait en résulter quelque dégradation de la chose à laquelle elle a été jointe (art. 566, 567, 568 et 569 C. N.).

Dans tous les cas d'accession de choses mobilières, lorsque l'accession profite à celui des maîtres à l'insu duquel elle a eu lieu, l'autre est propriétaire de la chose entière sous la condition suspensive : si celui à qui la loi attribue la chose ne veut pas la prendre. Ce maître a en effet le choix entre ces deux partis : ou réclamer la chose entière, à la charge par lui d'indemniser l'autre maître ; ou la laisser à l'auteur de l'accession, et exiger soit une chose absolument pareille à celle dont il était propriétaire avant l'accession, soit sa valeur en argent (art. 576 C. N.).

II. Contrats. — Dans le droit Français actuel, le contrat par lui-même transfère la propriété. Toutes les fois que les parties seront convenues de transférer la propriété d'un corps certain appartenant à l'une d'elles, la propriété sera transférée à l'instant même par suite de cet accord de volontés. Mais si la chose qui fait l'objet du contrat est la chose d'un tiers, ou une chose *in genere*, certainement il n'y a pas transport immédiat de la propriété, mais n'y a-t-il pas au moins translation de propriété conditionnelle, sous la condition suspensive : si l'aliénateur devient propriétaire de la chose, si l'acquéreur fait son choix ? Occupons-nous d'abord du cas où on a voulu transférer la propriété de la chose d'autrui, et prenons pour exemple une vente. Je suppose que Primus a vendu à Secundus la chose d'autrui, soit en se portant fort pour le propriétaire, soit en exprimant formellement la condition : s'il en devient propriétaire, soit même en ne disant rien. Y a-t-il dans tous ces cas vente sous une condition suspensive, formelle ou tacite? nous ne le croyons pas. Dans le premier cas, cela est évident; l'objet du contrat n'est pas une translation de propriété, mais la création d'une simple obligation de faire. De deux choses l'une : ou le contrat confère à Secundus des droits à l'égard du tiers, ce qui ne se peut pas, car nul ne peut être obligé par un contrat où il n'a pas été partie, nul ne peut être dépouillé de sa propriété sans son consentement ; ou bien il ne lui en confère pas, et alors il n'y a pas vente conditionnelle, il n'y a rien de fait quant à la translation de propriété. Si donc le propriétaire confirme la vente, son consentement ne peut avoir aucun effet rétroactif, et ainsi ce n'est qu'à sa date et pour l'avenir seulement que s'opère la mutation de propriété de la chose vendue. Il en résulte que l'acheteur qui voudra se mettre en règle à l'égard des tiers devra, dans tous les cas, faire transcrire l'acte de ratification. Il n'y aura pas besoin de faire transcrire l'acte de vente, à moins que l'acte de ratification, mis sous les yeux du public, n'en relate pas suffisamment les clauses. Le droit de l'acheteur n'étant jusqu'à la ratification qu'une pure créance, s'il le cède à une tierce personne, cette cession n'aura pas besoin d'être transcrite pour produire son effet à l'égard des tiers : il suffira qu'elle soit notifiée au débiteur cédé ou par lui acceptée dans un acte authentique, conformément à l'art. 1690 C. N. Dans les deux autres cas, il en est de même selon nous : il peut bien y avoir un rapport de droit obligatoire entre les parties, mais il n'y a pas vente, translation de propriété, même conditionnelle. Nous déduisons cette théorie de l'art. 1599 C. N., lequel déclare nulle la vente de la chose d'autrui. Cette disposition, que la doctrine aurait pu suppléer, est la simple constatation d'une impossibilité. Les parties veulent créer un *jus in re*, ce qui est en droit Français l'effet de la vente ; or, cet effet est juridiquement impossible, si au moment du contrat la *res* appartient à un tiers. Si plus tard le vendeur devient propriétaire de la chose, cela ne peut pas faire que le transport de propriété n'ait été impossible *ab initio ;* absolument comme les hypothèques consenties sur la chose d'autrui ne prennent pas une existence rétroactive, si le constituant succède au propriétaire. Donc, ici encore, rien à transcrire : si, au moment où le vendeur devient propriétaire de la chose vendue, les parties persistent dans leur intention, c'est alors seulement que la vente interviendra ; c'est alors seulement qu'il faudra transcrire.

Supposons maintenant la vente d'un *genus*. Il est certain qu'il ne peut y avoir transport de propriété immédiat; mais il n'y a pas non plus transport de propriété conditionnel. Tant que le choix n'est pas fait, il ne saurait être question d'un corps certain, même en puissance; il n'y a qu'un genre; or, les genres ne peuvent être l'objet d'un droit de propriété. Le choix fait par le créancier ou par le débiteur, qu'il se réalise par le moyen d'une tradition ou d'une convention nouvelle, n'aura pas pour effet de déterminer de quel corps certain la propriété a été transférée par le contrat; elle transfèrera véritablement la propriété de ce corps certain; elle créera ce corps certain, qui n'avait pas antérieurement d'existence relativement aux parties, qui, par conséquent, ne saurait acquérir une existence rétroactive au jour du contrat. Donc, pas de transcription avant le jour de la tradition ou de la convention qui détermine l'objet vendu. Faut-il en dire autant si le *genus*, qui fait l'objet de la vente, a reçu une certaine limitation? Par exemple, je vous vends pour 1,000 francs 100 hectolitres de blé, à prendre dans le tas de blé qui est dans mon grenier. Nous croyons qu'il y a ici une véritable vente conditionnelle : l'acheteur est devenu, au moment du contrat, propriétaire de 100 hectolitres de blé, sous cette condition suspensive : si, au moment de la tradition, il y a encore 100 hectolitres de blé dans le grenier. Les déchets ou pertes partielles ne sont pas à la charge de l'acheteur, tant qu'il reste assez de mesures pour faire la délivrance de la quantité qui lui a été vendue; mais si le tas de blé périt en totalité, il périt pour l'acheteur, quant aux mesures qu'il y avait, car il est alors certain que la chose qui lui a été vendue a péri. En supposant que le *genus* est de nature immobilière, il y aura intérêt à transcrire; par exemple, je vous vends 100 hectares de terre à prendre dans telle partie de l'Algérie. J'ai intérêt à faire transcrire immédiatement mon contrat : il est vrai que, quand bien même le vendeur ferait le même marché avec une foule d'individus qui, eux, transcriraient immédiatement, cela ne me causera aucun dommage tant qu'il restera dans la contrée indiquée 100 hectares qui puissent m'être délivrés ; mais si le vendeur a disposé même des 100 derniers hectares, et que l'acheteur ait transcrit, celui-ci m'évincera, si je n'ai pas à lui opposer une transcription antérieure à la sienne.

Les parties pourraient-elles écarter la règle de l'art. 1138 C. N., et convenir que la propriété du corps certain, appartenant à l'une d'elles, qui fait l'objet du contrat, ne sera transférée qu'à une époque postérieure, et même ne sera transférée que par le moyen de la tradition ? Nous ne voyons pas de quel droit on déclarerait nulle la clause par laquelle les parties subordonneraient à une tradition la translation de propriété. L'historique de l'art. 1138 nous apprend que la règle qui y est contenue est une simple présomption de volonté : le législateur de 1804 se borne à sous-entendre, dans les contrats qui ont pour objet le transport de la propriété, la clause de désaisine-saisine, devenue de style dans l'ancienne jurisprudence. « La donation, dit l'art. 938 C. N., sera parfaite par le seul consentement des parties, et la propriété des objets donnés sera transférée au donataire, sans qu'il y ait besoin d'autre tradition. » Une autre tradition n'est pas nécessaire, mais elle n'est pas interdite. Il n'y a dans la loi qu'une présomption de volonté; quand les parties ont manifesté la volonté contraire, il faut la respecter. A plus forte raison, il faut dire que les parties peuvent convenir que la propriété sera transferée postérieurement au contrat, sans tradition. Seulement, il faudra que leur intention soit évidente. Quand elles auront fixé un terme, pas de difficulté. Mais ne faut-il pas décider que leur intention pourra résulter encore de l'emploi de certaines formules ? *Quid* des promesses de contracter? Par exemple : deux personnes promettent réciproquement, l'une de vendre, l'autre d'acheter. Selon nous, on ne saurait induire de ces expressions l'intention de subordonner à un événement postérieur la translation de propriété qui fait l'objet de la vente; il n'y a pas translation de propriété conditionnelle. Ou bien les parties ont mal exprimé leur pensée; elles se sont servies de termes équivoques pour dire qu'elles faisaient une vente, et alors il y a une vente pure et simple, produisant immédiatement tous ses effets; ou bien elles ont voulu effectivement suspendre quelque chose, mais ce quelque chose, c'est la vente elle-même avec tous ses effets. Décider autrement, ce serait faire violence au sens naturel des mots. L'intention de renvoyer à une époque postérieure au contrat la translation de la propriété ne pourra donc résulter des promesses synallagmatiques de vente. Résultera-t-elle d'autres expressions ? oui, si ces expressions ne peuvent laisser aucun doute sur la volonté des parties.

C'est le contrat, mais le contrat seul, parfait, obligatoire, qui transfère la propriété. Tant que le contrat n'est pas formé (1), tant qu'il n'y a encore que des pourparlers, la propriété n'est pas transférée. La pollicitation ne transfère pas la propriété sous la condition suspensive de son acceptation ; l'acceptation ne fait pas remonter le transport de la propriété au jour de la pollicitation, elle le détermine au moment où elle intervient, parce qu'à ce moment elle opère la formation du contrat. Donc, s'il s'agit d'un immeuble, il n'y a aucun intérêt à faire transcrire la pollicitation. Mais il ne faut pas confondre, avec les simples pourparlers et la simple pollicitation, 1° les promesses synallagmatiques de contracter, par exemple, les promesses de vente. « La promesse de vente vaut vente, nous dit l'art. 1589 C. N., lorsqu'il y a consentement réciproque des deux parties sur la chose et sur le prix. » Je ne comprends vraiment pas les difficultés accumulées comme à plaisir sur cet article. La décision de la loi

(1) A quel moment précis le contrat est-il formé ? Il y a sur ce point des difficultés qui ne sont pas tranchées d'une manière uniforme, mais qui ne rentrent pas dans l'objet de notre étude.

est bien simple, elle revient à ceci : quand les parties se seront servies des expressions : je promets vendre, je promets acheter, on présumera qu'elles n'ont pas entendu s'en tenir à de simples pourparlers. S'il n'y a pas là de simples pourparlers, que peut-il y avoir, sinon la vente elle-même. Cette présomption est très-raisonnable ; on doit donc l'étendre à tous les contrats translatifs de propriété, d'autant plus que la vente est dans notre droit le type de ces contrats. De notre théorie, il résulte qu'en cas de promesses synallagmatiques de vente, il y a transport immédiat de propriété, et, par conséquent, s'il s'agit d'un immeuble, il faudra transcrire immédiatement. Une autre théorie n'admet qu'une translation de propriété sous condition, mais sous quelle condition ? Sous la condition que les parties feront une autre convention pour réaliser le contrat ? Mais à quoi bon, puisque dès à-présent elles sont d'accord sur la chose et le prix ? Sous la condition que la justice réalisera le contrat, si une des parties s'y refuse ? Mais combien de fois dans notre droit voit-on la justice ainsi intervenir pour donner effet à la volonté des parties ? On nous oppose de vieilles règles, qui déjà n'avaient plus de sens dans l'ancienne jurisprudence. Si dans l'ancien droit, les promesses synallagmatiques de vente, quoique valant vente, ne transféraient pas la propriété immédiatement, c'est qu'alors, au moins en droit, la vente elle-même n'était pas translative de propriété ; mais aujourd'hui, la vente étant par elle-même translative de propriété, et les promesses synallagmatiques de vente valant vente, la conclusion du syllogisme est facile à dégager. 2° La promesse unilatérale de transférer la propriété, par exemple, de vendre. Il faut supposer que vous avez promis de me vendre votre chose, et que moi, sans prendre de mon côté aucun engagement, j'ai pris acte de votre promesse, je l'ai acceptée. Dans le cas de simple pollicitation, il n'y a aucune translation de propriété, même conditionnelle, parce que non-seulement celui à qui on a fait la proposition peut ne pas y adhérer, mais même celui qui l'a faite peut la retirer tant qu'on n'y a pas adhéré. Mais ici il y a quelque chose d'irrévocable de la part du promettant ; rien ne s'oppose donc à ce qu'il y ait translation de propriété sous la condition suspensive de l'adhésion de l'autre partie. Nous ne nous fondons pas sur l'art. 1589, mais sur les principes généraux du droit : (art. 711, 1138, 938 C. N.) Si l'adhésion de la partie qui reçoit la promesse intervenait immédiatement, il y aurait transport de propriété immédiat ; mais cette adhésion est un événement futur et incertain, c'est-à-dire une condition ; elle doit agir à la manière des autres conditions. Dans ce système, l'acte où se trouveront décrites la promesse unilatérale de vendre et l'acceptation de cette promesse, devra être transcrit immédiatement, si l'acheteur éventuel tient à mettre à l'abri des actes ultérieurs du vendeur la propriété conditionnelle dont il est, dès à présent, investi. Le plus souvent, un délai aura été fixé par le promettant à l'autre partie, pour qu'elle ait à manifester son adhésion ; sinon, le promettant devra en faire fixer un par le juge. Si le prix n'a pas été fixé, il sera sous-entendu qu'il sera déterminé par experts. (Pothier, *Traité de la vente,* n° 481.) Quant à la promesse unilatérale d'acheter, elle est également obligatoire, mais il est évident qu'elle ne transfère pas, même sous condition, la propriété de la chose à vendre.

Connaissant les effets du contrat pur et simple, en ce qui touche le transport de la propriété, déterminer ceux du contrat conditionnel, c'est examiner quelles modifications l'adjonction d'une condition fait subir à la règle de l'art. 1138. C'est ce que nous allons faire; mais auparavant demandons-nous en peu de mots quelles conditions peuvent être apposées à un transport de propriété. Toute condition immorale ou illicite rendrait l'opération nulle ; il faut du reste faire des distinctions, que nous avons présentées en droit Romain, et que nous ne reproduirons pas ici. La règle sabinienne, d'après laquelle la condition immorale ou illicite était dans les legs considérée comme non écrite, et que Gaius lui-même déclarait peu justifiable, a été étendue par notre Code aux donations entre vifs, et ainsi se justifie encore bien moins. Il faudra la tempérer autant que possible par l'application de l'art. 901, C. Nap.

Tout contrat par lequel une personne s'oblige à transférer la propriété sous une condition purement potestative de sa part, est nul(1). Tel serait le cas où je me serais obligé à donner une chose sous cette condition : si je le veux, si cela me plaît, si cela me convient, ou même : si je le juge raisonnable(2). « Il en serait autrement si l'on avait dit : si cela est raisonnable, jugé à propos ; ce ne serait plus alors une question laissée au libre arbitre, à l'appréciation personnelle du promettant. Réservée, au contraire, à une appréciation étrangère et absolue, elle constituerait, à vrai dire, une condition casuelle. Est également valable cette condition : si je suis content. Elle est même censée accomplie, lorsque je ne puis justifier d'aucune cause juste de mécontentement(3). » Je suppose qu'au lieu de dire : je vous transmettrai la propriété de telle chose, si je le veux, j'ai dit : quand je le voudrai. Le contrat est valable, car, ce qui est suspendu, ce n'est pas la naissance de l'obligation, mais son accomplissement. Mais il est évident que la propriété ne sera pas transférée immédiatement ; le contrat est purement générateur d'obligations ; quand je vous aurai livré la chose,

(1) Art. 1174, C. Nap., et Pothier, *Traité des oblig.*, n° 205.

(2) « L'opinion contraire de Pothier (*Oblig.*, n° 48), n'est fondée que sur une fausse application à la matière des contrats des lois romaines applicables aux testaments. » (M. Larombière).

(3) M. Larombière.

alors seulement vous en deviendrez propriétaire sans aucune rétroactivité. Vous n'avez donc aucun intérêt à faire transcrire immédiatement le contrat. La clause *cum voluero* n'affectant que le terme du payement et non l'existence de l'obligation, il en résulte que cette obligation devient exigible aussitôt que, sans pouvoir manifester l'intention de payer, je ne puis manifester d'intention contraire, c'est-à-dire au moment même de mon décès. De même est valable cette condition : quand je pourrai. Elle n'implique qu'un terme et n'abandonne pas l'obligation à l'entière discrétion du promettant. Dans ce cas le juge doit fixer un terme de payement suivant les circonstances (art. 1901, C. Nap.). Tel est le droit commun en matière de contrats ; mais dans les donations entre-vifs, il y a quelque chose de plus : c'est la condition simplement potestative, celle qui est définie par l'art. 1170, C. N., qui vicie le contrat. Telles seraient, par exemple, les conditions : si je vais à Rome, si je ne vais pas à Paris. Cela résulte de l'art. 944, C. Nap., qui serait inutile, s'il ne faisait que reproduire la règle de l'art. 1174, et aussi des dispositions de l'ancien droit. Ce n'est que par un souvenir de l'ancien droit que peut s'expliquer l'art. 944. Par exception, les donations sous condition simplement potestative de la part du donateur, sont valables quand elles sont faites dans un contrat de mariage(1). S'il s'agit d'un immeuble, il

(1) Art. 947, C. Nap.

faut transcrire la donation, en vertu de l'art. 939, C. Nap. Il y a en effet dépouillement actuel; ce dépouillement n'est pas à la vérité irrévocable, mais peu importe.

Etudions les effets du contrat transférant la propriété sous condition suspensive, en nous plaçant d'abord *pendente conditione,* puis, après la réalisation, ou la défaillance de la condition.

Dès l'instant du contrat, la propriété se fractionne en deux droits distincts : le créancier devient propriétaire sous condition suspensive, le débiteur reste propriétaire sous condition résolutoire. Examinons successivement les attributs de ces deux droits.

1° La propriété sous condition résolutoire étant en définitive une propriété absolue, le débiteur a, en principe, tous les attributs résultant de la propriété. C'est lui qui doit posséder et jouir, à moins d'une convention contraire intervenue à cet égard entre lui et le créancier. C'est lui qui touche les fermages, le créancier lui-même fût-il fermier de la chose. Il a, comme tout propriétaire, une liberté absolue d'administration, sauf les cas d'abus et de dégradations de nature à autoriser, de la part du créancier, l'exercice d'actes conservatoires. Il peut reconnaître ou interrompre la prescription, mais non pas renoncer à une prescription acquise. Il est en droit d'exercer toutes les actions qu'il pourrait intenter, en supposant qu'il n'eût pas contracté. Il peut poursuivre les tiers, soit en revendication, soit en reconnaissance de servitude, soit en exécution ou reconnaissance de tout autre droit, tant au pétitoire qu'au possessoire. Cette revendication pourrait avoir lieu contre le créancier lui-même, soit qu'il se fût mis de lui-même en possession, soit que le débiteur eût payé par erreur avant l'accomplissement de la condition. S'il s'agit de la vente conditionnelle d'une part quelconque dans un objet indivis, le vendeur, censé propriétaire jusqu'à l'accomplissement de la condition, peut poursuivre le partage amiable ou judiciaire contre les autres cohéritiers, associés ou copropriétaires. De même qu'il peut seul intenter toutes ces actions, de même le débiteur a seul qualité pour y défendre. Est-il tiers détenteur quant à l'immeuble aliéné conditionnellement ? Il peut, tant que la condition n'est pas accomplie, purger la propriété, et tout se passe comme s'il ne l'avait pas aliénée. C'est contre lui que doivent être dirigées les poursuites hypothécaires ; c'est sur sa tête que les créanciers doivent faire vendre l'immeuble hypothéqué. Il est de même recevable à faire le délaissement de la chose. Il a, en effet, la capacité d'aliéner dans le sens de l'art. 2172, c'est-à-dire qu'il en a l'habilité personnelle, bien qu'il n'en ait plus le droit, transmis par lui au créancier. Seul, le débiteur peut usucaper la chose *pendente conditione ;* lui seul, en effet, est en possession, soit par lui-même, soit par le créancier qui possède pour lui. Il peut faire, relativement à la chose, tous actes de disposition; il peut aliéner tout ou partie de la chose, la grever d'un usufruit, d'une servitude, d'hypothèques, mais sauf révocation si la condition se réalise (art. 2125 C. N.). Est-ce parce que *pendente conditione* le débiteur est propriétaire absolu, que les risques sont à sa charge, en cas de perte de la chose par cas fortuit ? M. Larombière l'a prétendu, en s'appuyant sur la règle *res perit domino*, et sur le texte de l'art. 1138. La règle *res perit domino* n'exprime rien autre chose que cette vérité évidente et surabondante : quand une chose périt, c'est son propriétaire qui en est privé, qui souffre de sa perte. Elle n'a pas trait à la question des risques, car à Rome, où la vente ne rendait pas l'acheteur propriétaire, les risques étaient à sa charge. Si la règle *res perit domino*, appliquée à la question des risques, se trouve vraie quelquefois, c'est par pur hasard; si l'on veut une formule qui s'applique à la généralité des cas, il faut dire, non pas *res perit domino*, mais *res perit creditori*. Quant à l'art. 1138, son texte est trop embrouillé pour qu'on puisse en tirer un argument certain; d'ailleurs, s'il indique à la fois les deux principaux effets des contrats, le transport de la propriété et la mise de la chose aux risques du créancier, il n'entend pas faire du second de ces effets une dépendance et une conséquence de l'autre. Il faut donc dire qu'aujourd'hui, sous le Code comme dans l'ancien droit Français et dans le droit Romain, la question des risques fait partie de la théorie des obligations, et non de la théorie du transport de la propriété. Si donc, en cas de contrat conditionnel, les risques sont à la charge du débiteur, ce n'est pas parce qu'il est propriétaire; c'est parce que la loi, interprétant la volonté des parties, présume que celui qui s'engage à payer un prix ou à donner tout autre équivalent en échange d'une chose dont la propriété lui est transmise sous condition suspensive, n'entend point prendre à sa charge les risques et périls d'un bien qui n'est pas encore à lui d'une manière définitive, qui peut-être ne lui appartiendra jamais. 2° Le créancier, de son côté, a un droit propre, transmissible à ses héritiers (art. 1179) et à ses autres ayants-cause, à moins d'une clause contraire (art. 1122), droit dont certains effets s'exercent indépendamment du droit du débiteur et parallèlement à ce droit, et dont certains autres vont jusqu'à limiter ce droit. Dans le premier ordre d'idées, le créancier a le droit de consentir sur la chose toute espèce de droits réels, susceptibles de se confirmer par la réalisation de la condition, par exemple, des hypothèques. Les termes de l'art. 2125 sont précis sur ce point; ils mettent bien nettement en regard le propriétaire sous condition résolutoire, et le propriétaire sous condition suspensive. En vain objecterait-on que l'art. 2129 parle de biens actuellement appartenant à celui qui consent hypothèques: ces mots, actuellement appartenant, ont été mis là pour prohiber l'hypothèque des biens à venir ; ils n'ont pas d'autre portée. Le créancier, lors même qu'il serait en possession de la chose, ne pourrait usucaper avant l'événement de la condition. En effet, cette possession ne peut être que précaire ; la propriété continue à résider sur la tête du débiteur. Le créancier ne peut avoir l'*animus domini*, car il connaît parfaitement la propriété du débiteur, et l'imperfection de son titre, qui ne contient la propriété qu'en espérance, qui, par conséquent, ne peut lui donner le sentiment de la propriété acquise. Les attributs du second ordre sont réunis par l'art. 1180, sous le nom d'actes conservatoires. Le créancier peut, *pendente conditione,* exercer tous actes conservatoires. Si le débiteur exerce les actions résultant de son droit de propriété à l'égard de la chose, le créancier peut veiller à la conservation de son droit par voie d'opposition ou d'intervention, s'il craint que ses intérêts ne soient compromis par collusion, fraude, négligence. Si l'immeuble dont la propriété lui a été transmise sous condition est possédé par un tiers, il doit interrompre la prescription contre ce tiers ; la prescription, en effet, court contre son droit de propriété conditionnel, aussi bien que contre le droit de propriété actuel du débiteur ; l'art. 2257 ne s'applique qu'aux droits personnels. Si le débiteur, au préjudice du créancier, renonçait à ses actions ou à d'autres droits, faisait certains actes, celui-ci pourrait attaquer ces renonciations ou ces actes en vertu de l'art. 1167. Nonobstant toute renonciation du débiteur à une prescription acquise, le créancier pourrait l'opposer (art. 2225). Le créancier peut intenter, même contre le débiteur, toutes les actions qui ont pour but la conservation de la chose. Par exemple, si celui-ci exploite une forêt comprise dans le domaine vendu, s'il se met à démolir les bâtiments, s'il commet enfin des dégradations, des détériorations quelconques, il peut le poursuivre judiciairement, afin qu'il lui soit fait inhibition et défense à cet égard, et que le dommage, dont le montant doit être payé plus tard, le cas échéant, soit contradictoirement évalué, sans préjudice toutefois du droit qu'il a, suivant l'art. 1182, de faire résoudre le contrat, ou d'exiger la chose dans l'état où elle se trouve, avec dommages-intérêts. Les juges pourraient même ordonner le séquestre de la chose : elle est, en effet, réellement litigieuse, au moins dans le sens général du mot (art. 1961 § 2). Si elle a dû d'abord rester dans les mains du débiteur, puisque le contrat, à raison de son caractère conditionnel, a pour effet de l'y maintenir jusqu'à ce que la condition soit accomplie, ce n'est que sous la réserve des effets du litige, qui peut s'engager plus tard entre le créancier et le débiteur, relativement aux mesures qu'il est nécessaire et urgent de prendre pour la conservation des droits du premier (1). Dès l'ins-

(1) M. Larombière, Théorie et pratique des oblig., t. 2, p. 188.

tant du contrat, le créancier doit faire transcrire, à moins que le débiteur ne s'y soit obligé par une clause spéciale, ou que le créancier n'ait donné mandat à toute autre personne de requérir la transcription. En effet, si la condition vient plus tard à se réaliser, elle ne pourra avoir d'effet rétroactif à l'égard des tiers qu'à partir du jour de la transcription. Les droits consentis par l'aliénateur *pendente conditione,* seraient opposables à l'acquéreur, s'ils avaient été transcrits avant que l'acquéreur n'eût lui-même fait transcrire son titre. Les droits réels consentis par l'acquéreur *pendente conditione,* ne seraient pas confirmés par l'événement de la condition, quand bien même leurs acquéreurs auraient, en transcrivant leur propre acquisition, transcrit le titre même de leur auteur, s'il se trouvait des droits consentis par l'aliénateur transcrits auparavant. Si le créancier cède son droit lui-même *pendente conditione,* cette cession devra être transcrite. Il s'agit, en effet, d'un droit susceptible d'hypothèque, et les tiers ont intérêt à connaître cette cession. On peut céder ce qu'on a ; or, ce qu'a le créancier, c'est un droit de propriété conditionnelle, susceptible d'hypothèque ; ce qu'il cède ne peut être autre chose qu'un droit de propriété conditionnel, susceptible d'hypothèque (1).

Demandons-nous ce qui se passe si la condition

(1) V. Mourlon, Traité de la transcription, t. 1, p. 25.

vient à défaillir. Et d'abord quand la condition doit elle être considérée comme défaillie? D'après l'article 1176, il faut distinguer suivant qu'on a fixé ou non un délai pour son accomplissement. Si l'on a fixé un délai, par exemple, si l'on a dit : la propriété de cette chose vous sera transférée, si vous allez à Paris l'année prochaine, si vous vous mariez dans deux ans, la condition est défaillie par l'expiration du délai. En effet, la fixation du délai fait partie intégrante de la condition ; l'événement se réalisât-il postérieurement, ce ne serait plus l'événement prévu par les parties. Aucune prorogation de terme ne peut être demandée ni accordée; l'art. 1184 est ici inapplicable. Les cas de force majeure, et les obstacles quelconques, à moins qu'ils ne proviennent du fait du débiteur (1), ne relèvent point de l'inaccomplissement de la condition. Cela est vrai surtout des conditions casuelles, dans lesquelles la prévision des cas de force majeure a dû nécessairement se trouver dans la pensée des contractants. Cela est vrai aussi en principe des conditions potestatives ou mixtes; cependant on peut quelquefois, sans faire violence à l'intention des parties, supposer que celle d'entre elles qui a stipulé une condition de cette nature, a entendu tenir compte des empêchements résultant des cas fortuits et de la force majeure. Par exemple cette condition : si vous donnez 1,000 francs à Paul,

(1) V. plus loin l'explication de l'art. 1178.

pourrait être considérée comme accomplie, si, les 1,000 francs ayant été offerts par vous à Paul, il les a refusés. Il est évident que la condition renfermait cette autre condition tacite : si Paul veut les recevoir; puisqu'il est lui-même en droit de renoncer à une clause introduite en sa faveur. La condition ne serait-elle pas d'ailleurs accomplie dans le cas où Paul, après avoir reçu les 1,000 francs, vous les aurait restitués? Qu'importe donc qu'il commence par vous en faire remise, puisque le stipulant est, nous le supposons, sans le moindre intérêt juridiquement appréciable (1). Le délai court contre toute personne, contre la femme mariée, contre le mineur, l'interdit, sauf recours de leur part contre qui de droit. Ce n'est pas en effet une question de prescription. L'art. 1663 ne fait que contenir une application de ce principe en cas de vente avec faculté de rachat. De ce que la condition doit se réaliser avant l'expiration du délai, il résulte que, si cette condition est un acte juridique à accomplir par vous, si, en accomplissant l'acte dans le délai, vous l'avez lui-même affecté d'une condition, suspensive ou résolutoire, quand bien même cette condition suspensive viendrait à se réaliser, cette condition résolutoire à défaillir, si c'est après l'expiration du délai, la condition du contrat primitif est défaillie. D'une part en effet, l'acte juridique n'a pas reçu son en-

(1) M. Larombière.

tière perfection, et d'autre part, on ne peut me laisser dans une incertitude plus longue que le délai même que nous avons déterminé. *Quid* si l'acte juridique était nul ou annulable? En cas de nullité, la condition est défaillie; mais comme tout est remis dans son état primitif, si vous êtes encore dans le délai, vous pourrez de nouveau accomplir l'acte, et cette fois n'une manière valable. S'agit-il d'une simple annulabilité, si celui qui peut s'en prévaloir la demande dans les termes du délai, et que le tribunal la prononce, même après le délai expiré, la condition sera défaillie. Mais si la demande n'intervient pas dans le délai, nous croyons que l'acte juridique doit être considéré comme valable en tant qu'il réalise la condition du contrat primitif, et cela quoi qu'il arrive par la suite. Si on a fixé un délai pendant lequel la condition ne peut être utilement accomplie, par exemple, si on a dit : je vous vends ma maison si vous vous mariez à partir de l'année prochaine, l'accomplissement de la condition avant le terme fixé non-seulement n'opèrerait pas la translation de propriété, mais même, dans l'espèce, ferait défaillir la condition, en empêchant qu'elle ne fût exécutée dans le temps prescrit. Si la condition ne peut être accomplie après le délai, peut elle être défaillie avant l'expiration du délai? Oui, si avant cette époque, l'événement prévu est arrivé, en supposant une condition négative, ou si, en supposant une condition positive, il est certain que l'événement n'arrivera pas. S'il n'y a point de temps fixé, la condition peut toujours être accomplie; elle n'est défaillie que lorsque l'événement est arrivé, en supposant une condition négative, ou bien, en en supposant une positive, lorsqu'il est devenu certain que l'événement n'arrivera pas; par exemple, si vous allez à Paris, si vous ne vous mariez pas. L'accomplissement de semblables conditions ne peut se vérifier qu'à votre décès, la seule époque où il devienne certain que l'événement n'arrivera pas. De ce moment-là seulement elle sera censée défaillie. On ne peut pas plus faire fixer par la justice un délai à celui qui est chargé de la condition, soit pour l'accomplir, soit pour déclarer s'il entend l'accomplir ou non, qu'on ne peut directement le contraindre à l'exécuter. Ce serait violer la loi du contrat, le priver d'un délai indéfini, qui peut-être a été la considération qui l'a déterminé à contracter. Certaines conditions, bien qu'aucun délai ne soit fixé pour leur accomplissement, et que dès lors on ne doive les considérer comme accomplies ou défaillies que lorsqu'il est devenu certain que l'événement n'arrivera pas, ont cela de particulier que la partie en faveur de laquelle elles existent, peut immédiatement se prévaloir de leur défaillance ou de leur accomplissement. Ce sont les conditions desquelles dépend la capacité de la personne ou la disponibilité de la chose. La capacité personnelle ou la disponibilité de la chose étant subordonnée à ces conditions, la personne est incapable ou sa chose indisponible, tant que la condition n'a pas été réalisée. Le transport de propriété n'est pas seulement affecté dans sa force juridique comme conditionnel, il l'est encore et avant tout dans les éléments essentiels à sa validité. Telle est la condition du remploi sous laquelle la femme a stipulé l'inaliénabilité des biens dotaux. Quoique le remploi puisse être fait tant que dure le mariage, la femme n'a pas à en attendre la dissolution pour demander la nullité des aliénations qu'elle a consenties sans qu'aucun remploi ait eu lieu. Les biens n'étant disponibles que sous cette condition, elle peut les revendiquer tant qu'elle n'est pas accomplie. La vente qui en a été faite est en réalité nulle à défaut d'emploi, plutôt que suspendue par cette condition : si un remploi n'a pas lieu (1). Si la condition est potestative négative, il se peut, bien qu'aucun délai n'ait été formellement stipulé, que, soit la nature du fait à accomplir ou de la chose à délivrer, soit le caractère de la convention, révèlent dans l'intention des parties un véritable délai tacite. Telles sont les conditions : si je ne vous livre pas mon cheval, si je ne fais pas votre portrait. L'incertitude ne peut aller au delà de certaines limites. Il arrivera un moment où il sera certain que mon cheval ne pourra pas être livré, que votre portrait ne pourra pas être fait. La condition doit être consi-

(1) M. Larombière.

dérée comme défaillie, si la chose, *pendente conditione*, vient à périr en totalité. En effet, quand même l'événement viendrait par la suite à s'accomplir, il ne s'accomplirait plus utilement, puisque le droit dont il suspend la naissance ne pourrait plus naître faute d'objet. Il en résulte que le transport de propriété des choses futures, qui est nécessairement conditionnel, ne pourra avoir lieu, si, au moment où la condition devrait s'accomplir, l'existence de ces choses ne s'est pas réalisée. Si la perte de la chose n'est que partielle, la condition n'est pas nécessairement défaillie, car, l'événement venant à s'accomplir, la propriété sera transférée au créancier, *s'il le veut bien*. Il faudra donc attendre l'arrivée de la condition, et à ce moment le transport de propriété se trouvera soumis à une nouvelle condition suspensive, potestative de la part du créancier (art. 1182).

La condition venant à défaillir, la translation de propriété ne peut avoir lieu ; tous les effets de l'opération juridique sont rétroactivement effacés. En supposant que le créancier eût été mis en possession de la chose, il devrait la restituer en principal, accessoires et fruits. Les aliénations, les hypothèques, les servitudes, que le créancier a pu consentir, disparaissent et s'évanouissent. Réciproquement, celles consenties par le débiteur prennent une existence rétroactive. Mais il est certains actes que le créancier a toujours eu raison de faire, même quand la défaillance de la condition vient démontrer qu'il n'a jamais été propriétaire : ce sont ceux qu'il a faits, non en qualité de propriétaire conditionnel, mais en qualité de propriétaire éventuel, les actes conservatoires. Si donc le créancier a poursuivi le débiteur *pendente conditione*, pour dégradations commises par lui sur la chose, et s'il est intervenu une transaction ou un jugement qui met les frais de cette action conservatoire à la charge du débiteur, celui-ci ne pourra prétendre que par le fait il est aujourd'hui vérifié que, dans le temps, le créancier a eu tort de le poursuivre pour des dégradations qu'en définitive, il a commises sur sa propre chose, et à son seul préjudice. En effet, quand le créancier a exercé son action, il pouvait légitimement faire tous les actes conservatoires d'un droit qui, pour être alors éventuel, n'en existait pas moins.

En supposant que le contrat qui transférait la propriété sous condition suspensive a été transcrit, faudra-t-il porter à la connaissance des tiers l'événement qui fait défaillir la condition ? Nous ne le croyons pas, bien que les tiers puissent y avoir un intérêt sensible. Ce qu'on transcrit, en effet, ce sont les actes et non les faits. Qu'inscrirait-on sur le registre des transcriptions ? Quelles formes, quelle procédure faudrait-il suivre ? La loi de 1855 n'a rien dit là-dessus ; c'est donc qu'elle n'a pas entendu régir ces modifications extrinsèques des actes. Un argument d'analogie tiré de l'art. 4 ne serait pas probant; c'est, au contraire, un argument *a contrario* qui en ressort tout naturellement. La transcription n'a pas pour but de dispenser les tiers de tous autres renseignements; elle se borne à porter à leur connaissance un acte qui, en le supposant existant et valable, aurait tels et tels effets. Il leur reste à vérifier d'ailleurs si ces effets peuvent être produits.

Plaçons-nous dans l'hypothèse contraire, celle où la condition se réalise. Quand la condition doit-elle être réputée accomplie? Voici ce que dit l'art. 1177, que nous pouvons nous borner à citer après les détails donnés par nous sur la défaillance de la condition : « Lorsqu'une obligation est contractée sous la condition qu'un événement n'arrivera pas dans un temps fixe, cette condition est accomplie lorsque ce temps est expiré sans que l'événement soit arrivé ; elle l'est également, si avant le terme il est certain que l'événement n'arrivera pas ; et s'il n'y a pas de temps déterminé, elle n'est accomplie que lorsqu'il est certain que l'événement n'arrivera pas. » S'il s'agit d'une condition positive, elle est accomplie quand l'événement est arrivé, et, si un délai a été fixé, quand l'événement est arrivé dans ce délai. Lorsque la condition contient un fait de telle nature qu'il doive s'accomplir une fois pour toutes, son exécution est indépendante des événements et changements ultérieurs. Il suffit qu'elle soit une fois accomplie, et peu importe qu'elle vienne plus tard à défaillir, fût-ce même de suite après son accomplissement. Lors, au contraire, que la condition embrasse un fait qui, par sa nature ou d'après une clause particulière, doit avoir une certaine durée, une certaine persévérance, il ne suffit pas qu'il soit accompli une fois pour toutes ; sa durée et sa persévérance sont, en effet, des éléments essentiels de l'accomplissement de la condition. La condition négative ou positive peut consister dans la consommation ou la non-consommation d'un fait juridique. Quel doit en être le caractère, pour que la condition soit censée accomplie ? Il suffit qu'il soit définitif, comme les parties ont vraisemblablement voulu et entendu qu'il le fût. Je vous vends mon bœuf, si je ne vous vends pas mon cheval. Il est satisfait à la condition par la vente que je consens de mon cheval à un tiers. En vain, prétendrais-je que je puis racheter le cheval et vous le vendre ; qu'il n'est pas dès-lors certain que la condition soit définitivement accomplie. De même, j'achète de vous tel emplacement à bâtir, si vous ne me louez pas votre maison. La condition sera accomplie si vous la louez à un tiers. Et inutilement prétendez-vous que, pour être actuellement louée à un tiers, elle peut encore m'être louée plus tard. La condition sera néanmoins censée exécutée, suivant l'intention vraisemblable des parties qui ont entendu s'en tenir au premier fait de l'aliénateur qui aurait en lui-même un caractère définitif, et rendrait par suite l'exécution de la condition désormais impossible, les choses demeurant en l'état. Que doit-on décider lorsque le fait juridique qui fait l'objet de la condition est soumis lui-même, soit à une condition suspensive ou résolutoire, soit à une action en nullité ou en rescision? Je vous vends tel domaine, sous la condition suspensive : si vous vendez votre maison à Paul. Vous vendez effectivement votre maison à Paul ; mais votre vente est subordonnée à une condition suspensive ou résolutoire. La condition de notre contrat ne sera accomplie, que lorsque la condition de la vente consentie à Paul le sera elle-même, s'il s'agit d'une condition suspensive, ou bien sera défaillie, s'il s'agit d'une condition résolutoire. A l'inverse, si le domaine a été vendu sous une condition négative. Si la vente consentie à Paul est affectée d'une nullité absolue, la condition de la première vente sera défaillie. S'agit-il d'une nullité relative, celui-là seul en faveur duquel cette nullité a été introduite par la loi aura la faculté d'opposer, suivant son intérêt, soit la nullité, soit l'existence du second acte pris pour condition positive ou négative du premier, pour faire réputer cette condition accomplie ou défaillie (1). Que faut-il faire pour accomplir la condition ? Nous trouvons à ce sujet dans le Code l'art. 1175, texte de pure doctrine, copié dans Pothier, qui ne fait qu'appliquer

(1) M. Larombière.

aux conditions le principe général de l'art. 1156. Pothier, en formulant cette règle, avait pour but de trancher une controverse existant entre les anciens jurisconsultes sur le point de savoir si la condition doit être accomplie *in forma specifica,* ou s'il suffit qu'elle le soit *per æquipollens.* Pothier décide que tout dépend des circonstances. Dans la pratique il se présentera des difficultés, dans l'examen desquelles nous ne pouvons entrer. Il ne suffit pas d'avoir commencé et de s'être mis en devoir d'accomplir la condition ; tant qu'il manque quelque chose à son accomplissement, elle ne peut être réputée accomplie. A plus forte raison la bonne volonté seule de celui qui doit l'accomplir ne peut tenir lieu d'exécution, du moins en principe, et sauf le tempérament indiqué plus haut. De même, s'il s'agit d'une condition négative, un commencement d'infraction, la volonté d'enfreindre, ne suffisent pas. Lorsque plusieurs conditions sont opposées, il faut distinguer si elles sont conjonctives ou alternatives. Sont-elles conjonctives, comme : si je me marie et si je suis nommé magistrat, il faut qu'elles soient toutes exécutées, comme s'il n'y en avait qu'une (1). Mais si elles sont alternatives, comme : si je me marie ou si je suis nommé magistrat, il suffit qu'une d'elles seulement soit accomplie (2). Et, dans ce

(1) L. 5 D. de condit. instit.

(2) L. 5 D. de condit. instit., L. 129, de verb. obligat., § II. Instit. de hered. instit.

cas, si les conditions sont potestatives, le choix est laissé à celui qui en est alternativement chargé, comme en matière d'obligations. Si parmi les conditions alternatives ou conjonctives, il y en avait qui fussent simplement réputées non écrites comme contraires à l'ordre public, il pourrait se faire que la condition fût une en définitive. Il faut, pour l'accomplissement d'une condition potestative, que le fait soit libre et spontané, et de plus qu'il ait lieu en connaissance de cause (1). L'exécution de la condition est indivisible entre les parties, c'est-à-dire que si le fait qu'elle vise est divisible, et s'il est réalisé seulement en partie, le transport de propriété qui lui est subordonné n'est effectué pour aucune partie : par exemple, je vous transmets la propriété de tel champ, si vous payez 1000 fr. à Paul ; en payant 500 fr. à Paul, vous n'acquérez pas la propriété de la moitié du champ. Mais si, par suite d'un événement quelconque, la propriété du champ entier ne pouvait m'être acquise, j'aurais le droit de demander une réduction de la condition, avant de l'accomplir. La condition qui a pour objet une chose divisible ne devient pas divisible dans son accomplissement du chef des héritiers de celui qui en était chargé ; l'un de ces héritiers ne peut, sous prétexte qu'il a satisfait pour sa part, demander sa quote-part dans l'objet de la convention. Lorsque la condition consiste

(1) L. 2. De cond. et dem.

dans un fait qui doit être accompli à l'égard de plusieurs personnes, régulièrement le principe d'indivisibilité veut qu'elle soit exécutée également envers toutes. Ainsi, je vous transmets la propriété d'un fonds sous cette condition : si vous donnez 10 à telle et à telle personne; vous ne pouvez scinder la condition en donnant cinq à l'une d'elles. Cela n'est vrai cependant que des conditions qui ont pour objet une chose indivisible, soit par sa nature, soit par la volonté de celui qui l'a stipulée. S'agit-il, en effet, d'une condition dont l'objet soit divisible, l'exécution de la condition peut se scinder; seulement la disposition est alors réduite en proportion de l'inexécution partielle de la condition. Je donne, par exemple, une chose divisible à Paul, s'il continue de gérer les biens de mes quatre enfants jusqu'à telle époque. Un, deux, trois de mes enfants meurent ou vendent leurs propriétés, de telle sorte que pour eux il n'y a plus de gestion possible. Dès-lors, Paul n'aura plus droit qu'aux trois quarts, à la moitié, au quart de la chose donnée, parce que cette somme et son travail d'administration sont également divisibles. Si j'avais donné une chose indivisible, faute par le donataire d'avoir exécuté pleinement la condition envers toutes les personnes indiquées, il n'aurait pas le droit de réclamer cette chose. Néanmoins, l'acte ayant un caractère rémunératoire, il aurait droit à une indemnité proportionnelle à l'exécution divisée de la condition. En vain prétendrait-il qu'il n'a pas dépendu de lui d'exécuter parfaitement la condition ; qu'il en a été empêché par le fait même des personnes à l'égard desquelles elle devait être accomplie. Mais si nous supposons que la condition est d'un fait ou d'une chose indivisible, le bénéfice de l'acte n'en est pas moins acquis tout entier à celui à qui elle était imposée, alors même qu'il ne l'a point exécutée envers toutes les personnes indiquées, pourvu qu'il n'y ait point de sa faute. Le mineur, l'interdit, la femme mariée peuvent sans autorisation accomplir les conditions qui leur sont imposées. Si, néanmoins, l'exécution de la condition affirmative ou l'infraction de la condition négative avait été accomplie au moyen d'un acte juridique de leur part qui se trouvât en dehors de leur capacité, ils pourraient, d'après les principes généraux du droit, se faire relever de l'acte qu'ils auraient consommé sans l'autorisation ou sans les formalités voulues. Ils seraient alors replacés, par suite de leur action en nullité ou en rescision, dans le même état que s'ils n'avaient encore ni exécuté ni enfreint la condition (1). Il nous reste à expliquer l'art. 1178, qui est ainsi conçu : « La condition est réputée accomplie lorsque c'est le débiteur, obligé sous cette condition, qui en a empêché l'accomplissement. » Prise à la lettre, cette disposition conduirait à l'absurde : ainsi l'assureur qui aurait empêché

(1) M. Larombière.

l'incendie de se réaliser, serait forcé de payer le montant de l'assurance. Pour rendre l'article intelligible, il faut supposer que c'est par un fait qui constitue un dol que le débiteur a empêché l'accomplissement de la condition. Ainsi entendu, l'art. 1178 n'aura pas beaucoup d'application. S'il y avait plusieurs personnes qui eussent transféré la propriété sous condition, et que l'une d'elles seulement eût empêché l'accomplissement de la condition, faudrait-il tenir, dans ce cas, la condition pour accomplie ? Si la chose dont la propriété a été transférée conditionnellement est divisible, soit de sa nature, soit d'après l'intention des parties, la condition ne devra être censée accomplie que vis-à-vis de celui-là seul qui en aura empêché l'accomplissement, et la propriété ne sera transférée que pour la quote-part à lui afférente. Que si, au contraire, la chose dont la propriété a été transférée conditionnellement est indivisible, soit de sa nature, soit d'après l'intention des parties, la condition est censée accomplie vis-à-vis de tous, et la propriété de la chose entière est transférée au créancier.

Que se passe-t-il si la condition s'accomplit? Il y a lieu à l'exécution du contrat : le créancier a l'action en délivrance contre le débiteur pour se faire remettre la chose. Comment doit se faire la délivrance ? Il faut que la chose ait été mise d'une façon suffisante à la disposition de l'acquéreur. Quels actes auront ce caractère, de mettre la chose d'une façon suffisante à la disposition de l'acquéreur? C'est une question de fait; tout dépend des circonstances. Plusieurs auteurs proposent d'étendre à tous les contrats translatifs de propriété les art. 1605-1607 C. Nap. Mais ces articles, copiés mal à propos dans le droit Romain et dans l'ancien droit Français, s'occupent de la délivrance au point de vue de la translation de propriété, qui ne pouvait s'effectuer alors que par une tradition feinte ou réelle; ils n'ont aucune valeur au point de vue de la mise effective en possession. La chose doit être délivrée dans l'état où elle est lors de l'accomplissement de la condition; les accroissements qu'elle a reçus *pendente conditione*, l'alluvion, le trésor, profitent au créancier. Quant aux améliorations, réparations, constructions, plantations, que le débiteur aurait faites sur la chose *pendente conditione*, il faut appliquer l'art. 555 C. Nap. Si elles ont été faites de bonne foi, ce qui peut arriver si le débiteur est mort *pendente conditione* en laissant des héritiers qui ignorent le transport de propriété de la chose sous condition, le créancier en sera propriétaire, qu'il le veuille ou non. Mais si elles ont été faites de mauvaise foi, il aura le choix de les conserver ou d'en demander la suppression. L'arrivée de la condition rend le créancier plein propriétaire, et lui confère l'exercice des actions résultant de la propriété; ainsi, à partir de ce moment, il peut revendiquer la chose entre les mains des tiers. L'art. 1179 nous dit que « la condition accomplie a un effet rétroactif au jour auquel l'engagement a été contracté. » Cette règle s'applique au transport de la propriété comme aux obligations : le Code, dans le § 1er de notre section, parle de la condition en général ; les principes qu'il pose, tout le monde le reconnaît, reçoivent application en dehors de la matière des obligations. D'ailleurs, l'art. 1179 est concluant, si on le rapproche de l'art. 1138 : la rétroactivité de la condition est admise dans les contrats ; or, le transport de la propriété est aujourd'hui un des effets du contrat ; donc, il y a transport de propriété rétroactif. Nous n'avons pas besoin, pour expliquer la différence qui existe à cet égard entre le droit Romain et le droit Français, d'autre raison que la disposition de l'art. 1138. Enfin, s'il restait un doute, l'art. 1584 nous dit que la vente peut être faite sous une condition suspensive, et qu'en ce cas son effet est réglé par les principes généraux des conventions. Or, l'effet de la vente est le transport de la propriété ; ce transport de propriété sera régi par l'art. 1179, c'est-à-dire qu'il rétroagira au jour où le contrat est intervenu. La rétroactivité de la condition n'a pas lieu, bien entendu, pour les conditions purement potestatives : ces conditions, avons-nous dit, ne sont pas valables ; cela signifie que le contrat passé sous cette condition : *si voluero*, ne se formera qu'au moment où j'aurai en effet donné mon consentement. Mais la rétroactivité a lieu dans les conditions simplement potestatives, par exemple, si je vais à Rome; elle a lieu même à l'égard des tiers à qui j'aurais postérieurement au contrat conféré des droits sur la chose : qu'ils ne disent pas qu'en leur conférant ces droits j'ai renoncé à accomplir la condition; ils pouvaient se renseigner, ils devaient savoir que le créancier avait par un contrat antérieur à leurs hypothèques ou à leurs servitudes un droit à voir le transport de propriété se parfaire, droit dont je n'ai pas pu le priver par des actes qui n'impliquent pas nécessairement la défaillance de la condition. A quoi s'applique la rétroactivité? Elle est d'abord sans influence, nous l'avons vu, sur la perte totale ou partielle de la chose survenue *pendente conditione*. *Quid* relativement à l'incapacité des parties, incapacité générale ou spéciale à la chose dont il s'agit de transférer la propriété? Je suppose que la partie qui avait la capacité d'aliéner ou d'acquérir la chose au moment du contrat, ne l'ait plus au moment où la condition se réalise; la translation de propriété pourra-t-elle avoir lieu? Oui; pour juger de la capacité des parties contractantes, il faut considérer non pas l'époque de l'échéance de la condition, mais l'époque du contrat. Il en résulte que si une personne incapable vend une chose sous la condition : si je deviens capable, si je puis disposer de cette chose, il n'y a pas transport de propriété, même conditionnel. Quand la personne sera devenue capable, il interviendra un nouveau contrat, et c'est seulement alors que la propriété sera transférée. Il n'y a pas rétroactivité quant aux conditions de la prescription : l'acquéreur, qui aurait été propriétaire du jour du contrat, s'il avait reçu d'un *dominus*, n'aura pas pu commencer à prescrire à partir de ce jour. Sa possession *pendente conditione* a eu un caractère précaire ; la réalisation de la condition ne peut pas effacer cette possession vicieuse qui est un fait ; elle ne peut pas, en maintenant ce fait, lui attribuer rétroactivement des caractères autres que ceux qui l'ont accompagnée. C'est donc du jour de l'événement de la condition que l'acquéreur commencera à prescrire ; c'est à ce moment qu'il faudra voir s'il réunit les éléments de l'usucapion, la possession, et, s'il s'agit de la prescription par 10 à 20 ans, la bonne foi. Mais, si l'aliénateur a possédé *pendente conditione*, l'acquéreur pourra joindre à sa possession celle de son auteur, conformément à l'art. 2235. L'effet de la rétroactivité est de faire considérer le créancier comme ayant été propriétaire pur et simple dès le moment du contrat ; par conséquent, tous les droits consentis par lui sur la chose sont valables, comme ayant été consentis par un propriétaire, et à l'inverse, tous les droits consentis sur cette même chose par le débiteur tombent, comme ayant été consentis à *non domino*. Cette dernière conséquence n'a lieu du reste que sauf application, pour les immeubles, de la loi de 1855, pour les meubles corporels, de l'art. 1141

C. Nap., pour les créances, de l'art. 1690. Si le débiteur, après m'avoir transféré la propriété de l'immeuble sous condition suspensive, la transmet ensuite à une autre personne purement et simplement, et si cette personne s'empresse de faire transcrire son titre avant que le mien ne soit lui-même transcrit, c'est elle qui demeure propriétaire de l'immeuble, nonobstant la rétroactivité de la condition accomplie. Si le débiteur, au lieu d'une nouvelle aliénation, a simplement consenti des servitudes ou des hypothèques, ces servitudes ou ces hypothèques, nonobstant la rétroactivité de la condition accomplie, me seront opposables, si elles ont été transcrites ou inscrites avant la transcription de mon titre. Si Primus m'a transféré sous condition la propriété d'une créance, et si, avant l'arrivée de la condition il a cédé cette même créance à Tertius purement et simplement, celui-ci en faisant avant moi la signification au débiteur cédé, ou en lui faisant faire acceptation dans un acte authentique, me dépouille irrévocablement de la propriété de la créance, quand bien même la condition viendrait plus tard à se réaliser. Dans l'hypothèse de l'art. 1141, supposons une personne qui m'a transmis sous condition la propriété d'un meuble; elle vient ensuite à vendre ce même meuble à une autre personne purement et simplement, et lui fait tradition. D'après l'art. 1141, cette personne doit m'être préférée, quoi qu'il arrive par la suite. Est-ce donc que dans notre droit la simple convention ne transfèrerait la propriété d'un meuble que sous la condition de la tradition? Est-ce que mon droit s'évanouit, faute d'avoir été consolidé par la tradition? Non; j'avais par l'effet du contrat un droit solide, complet, quoique subordonné à une condition; mais ce droit, j'en suis dépouillé. Le second acheteur ne devient pas propriétaire parce que le vendeur était resté propriétaire; mais, parce que lui, acheteur, peut dépouiller le propriétaire de la chose, s'il est de bonne foi. Cette condition : s'il est de bonne foi, écrite formellement dans l'art 1141, nous montre qu'il s'agit ici d'une question de prescription : si l'acquisition de la propriété était l'effet de la tradition, on ne voit pas pourquoi la bonne foi serait exigée. Or, quand il s'agit de meubles corporels, la prescription, aux termes de l'art. 2279, est instantanée. Si le second acheteur est de mauvaise foi, devenant propriétaire à l'arrivée de la condition, je pourrai revendiquer la chose entre ses mains, à moins qu'il ne la possède depuis trente ans. De quelque manière qu'on interprète l'art. 1141, il en résulte que, dans le cas de transport de propriété d'un meuble corporel sous condition suspensive, il n'y aura de sécurité pour l'acquéreur qu'autant que la tradition lui sera faite immédiatement, ou que, *pendente conditione*, la chose sera mise sous le séquestre. Ainsi, la jouissance intérimaire de l'acquéreur conditionnel, qui sera chose rare quand il s'agira d'immeubles, devra au contraire être la règle quand il s'agira de meubles corporels. Mais, qu'on le remarque, la tradition faite à l'acquéreur *pendente conditione* ne le rendra pas immédiatement propriétaire : l'art. 2279, tout le monde le reconnaît, ne s'applique pas au cas où un contrat est intervenu entre le *tradens* et l'*accipiens*. Si la chose mobilière dont on a transféré la propriété sous condition vient à être perdue ou volée, qu'elle soit restée entre les mains de l'aliénateur, ou qu'elle ait été confiée à l'acquéreur, le propriétaire pourra la revendiquer pendant trois ans. Si l'aliénateur exerce la revendication dans les trois ans, la condition, s'accomplissant même après ces trois années, rendra l'acquéreur propriétaire. Supposons que l'aliénateur n'exerce pas la revendication ; si la condition s'accomplit dans les trois ans de la perte ou du vol, elle s'accomplit utilement, et l'acquéreur peut *de plano* exercer la revendication contre tout tiers détenteur. Si la chose était encore entre les mains de celui qui l'a trouvée ou volée, nous pensons que cette personne, débitrice de la restitution, pourrait être actionnée pendant trente ans. Il suffirait donc en ce cas, pour que la condition se réalisât utilement, qu'elle se réalisât dans les trente ans de la perte ou du vol. Si les trois ans ou les trente ans expirent avant que la condition ne se soit réalisée, l'expiration du délai la fait défaillir, et l'acquéreur doit être considéré comme n'ayant jamais été propriétaire. De ce que le créancier est censé avoir été propriétaire du jour du contrat, il résulte que, s'il s'est marié *pendente conditione* sous le régime de la communauté légale, l'immeuble dont la propriété lui a été transférée sous une condition qui vient ensuite à s'accomplir pendant le mariage, ne tombe pas dans la communauté. De même pour un meuble, si l'époux a exclu de la communauté ses biens présents. De même encore sous le régime dotal, si l'époux a constitué en dot ses biens présents, il faudra y comprendre ceux qui ne lui appartiennent que sous condition suspensive, mais dont la condition vient ensuite à se réaliser; s'il n'a constitué en dot que ses biens à venir, il ne faudra pas considérer comme dotaux ceux qui lui sont acquis définitivement par la suite en vertu de l'accomplissement d'une condition suspensive. Si le créancier conditionnel avait *pendente conditione* formé une société de biens présents(1), et que la condition s'accomplît durant la société, la chose dont la propriété lui était transférée conditionnellement au moment du contrat, serait comprise dans les choses sociales. De la rétroactivité de la condition il résulte que la chose jugée contre le débiteur *pendente conditione* ne sera pas opposable au créancier devenu propriétaire rétroactivement, quand bien même en vertu de l'art. 1180, il serait intervenu dans l'instance. Néanmoins il ne pourra demander l'annulation des pour-

(1) Art. 1837 C. Nap.

suites de l'adjudication faites sur le délaissement opéré *pendente conditione* par le débiteur, tiers détenteur de l'immeuble hypothéqué. De ce que le créancier est considéré comme ayant été propriétaire dès le moment du contrat, faut-il conclure que le débiteur doit lui restituer les fruits perçus *pendente conditione?* non certainement. La rétroactivité doit se combiner avec la manifestation de la volonté des parties ; elle ne peut avoir pour effet de changer quelque chose aux clauses du contrat ; or, puisque dans le contrat les parties sont tombées d'accord pour laisser la chose entre les mains du débiteur *pendente conditione*, leur intention bien évidente était de lui donner le droit de percevoir les fruits ; autrement quel sens aurait cette disposition? Le débiteur conserve l'administration, la surveillance de la chose ; c'est lui qui exerce les actions relatives à cette chose ; *ubi onus, ibi emolumentum.* De droit commun, le droit de posséder et d'administrer une chose comprend le droit d'en percevoir les fruits et de les faire siens ; les parties qui ont laissé au débiteur la possession et l'administration, et qui n'ont pas fait de clause particulière relativement aux fruits, se sont soumises au droit commun. L'article 1614 C. Nap., dit formellement que les fruits appartiennent à l'acheteur du jour de la vente, et non pas seulement du jour de la délivrance ; mais c'est que du jour de la vente l'acheteur doit les intérêts de son prix ; le vendeur ne peut avoir double jouissance. Supposons une vente conditionnelle ; l'acheteur ne devra évidemment les intérêts de son prix que du jour de l'arrivée de la condition ; c'est aussi seulement de ce jour-là qu'il aura droit aux fruits. Rien ne vient donc contredire ce principe, que le droit de percevoir les fruits se lie intimement au droit de posséder et d'administrer. C'est encore parce que le débiteur a le droit *pendente conditione* de posséder et d'administrer la chose, que le créancier est tenu d'exécuter et d'entretenir les actes d'administration consentis par lui, absolument comme s'il les avait consentis lui-même. Ainsi, il doit entretenir le bail passé par le débiteur, pourvu bien entendu que ce bail ait été fait sans fraude. Mais il suffit que le bail ait été fait sans fraude, quelle qu'en soit la durée. On ne peut appliquer à l'exercice des droits du débiteur, qui est véritablement propriétaire jusqu'à l'accomplissement de la condition, les restrictions que la loi impose à l'usufruitier (art. 595), et au mari (art. 1429-1430), qui n'ont aucun droit même éventuel sur le fonds.

Si le créancier n'a pas fait transcrire son titre *pendente conditione*, il doit le faire transcrire le plus tôt possible, une fois la condition accomplie. Mais en supposant que le titre a été transcrit avant l'arrivée de la condition, faudra-t-il encore porter cet événement à la connaissance des tiers ? Nous ne le pensons pas, pour les raisons indiquées déjà au cas de la défaillance de la condition, et sur lesquelles nous n'aurions que faire de revenir.

Nous allons maintenant passer en revue les principales applications que l'on rencontre dans les contrats de la condition suspensive.

Obligations alternatives. — Si l'un des membres de l'obligation alternative porte sur un corps certain, la propriété de ce corps certain est transférée au créancier sous la condition suspensive : si celui à qui le choix appartient choisit de payer le corps certain, ou si le payement des autres choses comprises dans l'obligation alternative devient impossible. Toutefois, dans ce dernier cas, si le choix appartenait au créancier, et si l'une des choses dues a péri par le fait ou la faute du débiteur, le créancier, ne devant pas souffrir de cette faute, conserve le bénéfice de l'alternative ; il peut réclamer, à son choix, ou la chose qui reste, ou le prix de celle qui a péri. Le payement du corps certain, réalisant l'événement de la condition suspensive, transfère la propriété au créancier d'une manière rétroactive, à partir du jour du contrat. C'est, du reste, le choix qui opère la mutation de propriété, mais, le plus souvent, le choix ne se traduira que par le payement. Le créancier a donc intérêt à faire transcrire son titre le jour même du contrat, sans attendre qu'il devienne pur et simple par la réalisation du choix auquel il est subordonné ; autrement la rétroactivité de son droit ne serait point opposable aux tiers. Quant à l'acte contenant la désignation de celle des deux choses qui devra être ou qui a déjà été livrée, l'acquéreur pourra le faire transcrire, afin de dégager sa propriété des doutes qui, en la tenant équivoque, pourraient nuire à son crédit; mais il n'y est point obligé. Remarquons d'ailleurs que, si le choix appartient au débiteur, en consentant des droits réels sur le corps certain, il aura, par cela même fait porter son choix sur un des autres objets de l'obligation alternative.

Contrat translatif de propriété, où a figuré un negotiorum gestor. — Le contrat est valable si la ratification s'en suit. Supposons d'abord que le *negotiorum gestor* a agi pour l'acquéreur. La propriété est transférée à celui-ci sous la condition suspensive : s'il ratifie. La ratification a un effet rétroactif au jour du contrat. Donc, il faut, s'il s'agit d'un immeuble, que le *negotiorum gestor* fasse transcrire immédiatement. Quant à l'acte de ratification, il ne devra pas être transcrit, puisque ce n'est que l'accomplissement de la condition. Supposons maintenant que le *negotiorum gestor* parle pour l'aliénateur. La ratification a un effet rétroactif, mais elle ne sera pas opposable aux tiers qui auront traité avec l'aliénateur propriétaire. Donc ici la transcription du contrat ne sera possible et utile qu'au moment de la ratification, puisqu'auparavant elle ne pourrait être faite qu'au nom du *negotiorum gestor*, ce qui n'apprendrait rien aux tiers, et il faudra encore transcrire la ratification. Pour que les tiers à qui l'aliénateur propriétaire a consenti des droits puissent les opposer à l'acquéreur après la ratification, il faudra qu'ils les aient transcrits avant la transcription de la ratification. Il y a ici plus que l'accomplissement d'une condition, comme nous l'avons déjà indiqué plus haut.

Contrat translatif de propriété dont un des éléments est laissé à l'arbitrage d'un tiers. — La translation de propriété qui fait l'objet du contrat n'a lieu que sous la condition suspensive : si le tiers peut ou veut accepter la mission qui lui est confiée. Tel est le cas de l'art. 1592 en matière de vente, de l'art. 1864 en matière de société. Le contrat devra être transcrit au moment de sa passation, et il n'y aura pas lieu de transcrire l'acte par lequel le tiers fixera les conditions du contrat. *Quid* si le tiers n'est pas désigné à l'acte, mais que les parties se soient réservé le droit de le nommer plus tard ? L'art. 1592 a été tiré d'une constitution de Justinien (1), qui ne prévoit ni n'exclut cette hypothèse. Il y eut de grands débats dans l'ancienne jurisprudence : Pothier disait que la vente devait valoir parce que le contrat lui-même indique le moyen de fixer le prix, la nomination d'arbitres par la justice, si les parties ne s'en-

(1) L. ult., C. de contrah. empt.

tendent pas ensuite pour désigner le tiers. Vinnius raisonnait *a contrario* de la constitution de Justinien, mais il avoue que son opinion n'était pas généralement adoptée. La plupart des auteurs modernes suivent l'opinion de Vinnius. La vente est nulle, à moins que les parties n'aient dit que, si elles ne s'entendaient pas, des arbitres seraient désignés par la justice. Dans ce système, « la nomination de l'arbitre par les parties, à supposer qu'elles s'entendent sur ce point, donnera bien à leur convention, restée subsistante, la nature et les caractères d'une vraie vente; mais, comme antérieurement elle n'avait aucune existence, pas même une existence conditionnelle, la mutation à laquelle elle donnera lieu, après que le prix aura été fixé, ne se produira qu'à la date de la nomination de l'arbitre, et pour l'avenir seulement, ce qui laissera subsister les actes antérieurement consentis par le vendeur; l'acheteur devra les subir tous. Dès lors il sera inutile de transcrire, à sa date, l'acte qui constate la convention, puisque tant que l'arbitre ne sera pas nommé, elle n'existera même pas à l'état de vente conditionnelle. La transcription ne deviendra nécessaire qu'à compter du jour où l'arbitre aura été désigné. Deux actes devront alors être transcrits, savoir : 1° l'acte qui constate la convention primitive; 2° l'acte contenant la désignation de l'arbitre; à moins pourtant que l'acte de nomination ne contienne lui-même toutes les énonciations descriptives de la vente, duquel cas sa transcription suffira (1). » Remarquons que la décision de l'arbitre constitue l'exécution d'une clause du contrat, et non pas une sentence arbitrale. Elle n'aura donc pas besoin d'être soumise aux conditions des formes qui régissent les sentences arbitrales, comme l'a très-bien jugé un arrêt de la Cour de Nancy. Nous croyons qu'on peut, en se prévalant de l'art. 1157 C. N., regarder comme sous-entendue la clause qu'en cas de refus de l'une des parties, l'arbitre sera nommé par la justice. Dans tous les cas donc, il y aura là une vente conditionnelle, qu'il faudra transcrire à sa date, sans qu'il y ait besoin de transcrire encore ensuite la décision de l'arbitre.

Donations. — Les donations faites à des établissements d'utilité publique sont subordonnées à la condition suspensive de l'autorisation du gouvernement. (Art. 910 C. N.) Mais c'est là une de ces conditions desquelles dépend la capacité de la personne ou la disponibilité de la chose, dont nous avons déjà parlé. Le transport de propriété n'est pas seulement affecté dans sa force juridique comme conditionnel, il l'est encore et avant tout dans les éléments essentiels à sa validité. En conséquence, la donation, bien que parfaite par l'acceptation du donataire, ne transfère en principe aucun droit à celui-ci, même

(1) M. Mourlon, Traité de la transcription, t. 1, p. 82.

conditionnel ; le donateur peut encore changer de volonté et révoquer la donation ; s'il meurt ou devient incapable, avant que l'autorisation du gouvernement n'intervienne, la donation est caduque. L'autorisation du gouvernement n'a aucun effet rétroactif. Il n'y a donc pas d'intérêt à faire transcrire la donation avant que l'autorisation du gouvernement ne soit intervenue. En attendant l'autorisation, le chef de l'établissement, ou le titulaire, fera tous les actes conservatoires qui seront jugés nécessaires. (Ord. 14 janvier 1831.) Par exception, les donations peuvent dans certains cas être acceptées par certaines personnes (1) à titre conservatoire. Du jour de cette acceptation, le contrat est parfait, et opère translation de propriété au donataire sous la condition suspensive de l'autorisation du gouvernement. La mort ou l'incapacité du donateur survenue *pendente conditione*, n'empêche pas la donation d'avoir son effet, si plus tard l'autorisation intervient. Cette autorisation a un effet rétroactif au jour de l'acceptation conservatoire. Il faudra donc, en ce cas, transcrire la donation le jour où cette acceptation aura lieu.

Toute donation faite par contrat de mariage est subordonnée à la condition suspensive : *si nuptiæ sequantur*. (Art. 1088.) Mais la réalisation de cette condition n'a aucun effet rétroactif : le contrat de

(1) V. par exemple L. du 18 juillet 1837, art. 48.

mariage est un contrat accessoire qui n'a, dans toutes ses parties, qu'une existence parallèle à celle du mariage lui-même.

Les donations de biens présents que se font les époux par contrat de mariage ne sont pas nécessairement faites sous la condition de survie du donataire. (Art. 1092.) Le Code a pris soin de le dire expressément; pour trancher les controverses de l'ancienne jurisprudence. Mais cette condition peut être formellement exprimée (art. 1092) ; elle peut l'être, ou comme condition suspensive, ou comme condition résolutoire. Dans le premier cas, elle sera soumise aux règles ordinaires de la condition suspensive. Une telle donation est une véritable donation à cause de mort, conservée dans nos lois, malgré l'art. 893.

Ventes. — Les ventes à l'essai, qui, en droit Romain, étaient présumées faites sous condition résolutoire, sont, nous dit l'art. 1588, toujours présumées faites sous condition suspensive. Mais quelle est la nature de cette condition suspensive ? Est-elle purement potestative de la part de l'acheteur ? Remarquons d'abord que, quand cela serait, il n'y en aurait pas moins dès à présent vente obligatoire et translative de propriété. Mais nous croyons qu'en principe l'acheteur ne peut pas, quoique la chose vendue soit loyale et marchande, refuser d'accomplir la condition en disant : j'ai essayé, et la chose ne me convient pas. Il en serait toujours bien certainement ainsi en cas de vente commerciale. Acheter à l'essai, c'est dire : j'achète si la chose a les qualités nécessaires pour remplir le but auquel je la destine. Si donc ces qualités existent en réalité, l'acheteur ne peut pas capricieusement dire : la chose ne me convient pas. C'est seulement quand il résultera des termes du contrat ou des circonstances que la vente est faite sous la condition que la chose vendue conviendra au goût individuel de l'acheteur, que l'essai constituera une condition purement potestative de sa part. En tout cas, l'événement de la condition aura un effet rétroactif au jour du contrat ; par conséquent, nous donnerons une solution contraire à celle de M. Troplong sur l'espèce suivante : Pierre, mécanicien, traite avec Paul, négociant, d'une machine à vapeur pour tisser, sous condition que celui-ci l'essayera, et fera connaître son sentiment dans le délai de trois mois. Pendant ce temps, Paul tombe en faillite : mais ses syndics, croyant qu'il est utile pour la masse d'acheter cette machine qui fonctionne bien, font connaître à Pierre qu'ils l'agréent. Pierre devra subir une réduction au marc le franc sur le prix de vente ; car, par l'effet rétroactif de la condition, la propriété a été transférée dès le moment du contrat ; c'est donc à ce moment que Pierre est devenu créancier. Dès-lors, il doit subir une réduction, comme tous les créanciers antérieurs à la faillite. Nous fondons cette solution sur les termes de l'art. 1588 qui dit : la vente faite à l'essai est présumée faite; c'est donc qu'il y a vente, tandis que dans l'article précédent on nous disait : il n'y a point de vente tant que l'acheteur...; et sur les précédents : avant la promulgation du Code, la théorie générale sur ce point, suivie par Pothier, était celle du droit Romain. Le Code a changé la modalité de cette vente, mais il n'a pas touché à sa perfection, qui n'était pas en question.

Tout traité de transmission d'office, en admettant qu'il y ait là une vente, est nécessairement fait sous la condition suspensive de nomination du cessionnaire par le gouvernement.

L'endossement, quand il est régulier, transfère la propriété des effets à ordre. Quand il est irrégulier, il ne vaut que comme simple procuration. L'endossement en blanc, très usité dans la pratique, est le plus irrégulier de tous les endossements. Mais si le blanc est rempli par une personne qui avait mandat de le remplir, le vice est purgé et la propriété de l'effet est transférée. Il faut donc dire que l'endossement en blanc transfère la propriété sous cette condition suspensive, que le blanc sera rempli. Cette condition ne pourra pas être réalisée en tout temps : comme pour remplir le blanc, il faut un mandat, il faudra qu'il ait été rempli à une époque où le mandat existait encore. Et ce mandat s'éteint par toutes les causes qui mettent fin au mandat ordinaire.

Sociétés. — Suivant certains auteurs, toute translation de propriété faite en vertu d'un contrat de société, serait soumise à cette condition suspensive : si la tradition s'ensuit. Ils induisent cette doctrine de l'art. 1867, ainsi conçu : « Lorsque l'un des associés a promis de mettre en commun la propriété d'une chose, la perte survenue avant que la mise en soit effectuée, opère la dissolution de la société..... Mais elle n'est pas dissoute par la perte survenue depuis que la propriété promise a été apportée à la société. » Qu'est-ce à dire ? Est-ce que la propriété de la chose n'a pas été transférée à la société dès le jour du contrat ? Peu importe que la chose périsse avant ou après la délivrance ; c'est toujours pour elle qu'elle périra. C'est donc que le législateur a abandonné ici le principe énoncé dans l'art. 1138 ; il a décidé que, dans le cas qui nous occupe, la convention des parties ne transfèrerait la propriété que sous la condition qu'un apport, une délivrance, une tradition s'ensuivrait. Rien ne nous autorise à admettre une dérogation si grave aux principes généraux ; il est bien plus naturel de supposer que le législateur a prévu dans l'art. 1867 les cas où, d'après l'art. 1138 lui-même, la propriété n'a pu être transférée du jour du contrat, soit parce que la chose n'appartenait pas au promettant, soit parce qu'il ne l'a promise que sous condition suspensive. Dans ces deux hypothèses, l'apport promis ne sera effectué, c'est-à-dire la propriété ne sera apportée à la société qu'à compter du jour où l'associé se sera procuré la propriété de la chose promise, ou de la réalisation de la condition.

Nantissement. — En droit Français, comme dans le dernier état du droit Romain, il n'est pas permis de transférer à son créancier la propriété de la chose donnée en nantissement sous la condition suspensive de non-payement à l'échéance; c'est-à-dire que le pacte commissoire est défendu (art. 2078 et 2088).

Remplois. — Le remploi, quand il est régulier, transmet à la femme la propriété du bien acquis en remploi, sous la condition suspensive de son acceptation. Mais voyons les hypothèses différentes qui peuvent se présenter. Si l'offre du remploi et son acceptation par la femme ont lieu simultanément, il y a translation de propriété pure et simple au profit de la femme; la femme succède directement au tiers dans la propriété de l'immeuble. La question qui nous intéresse ne se pose que lorsque l'acceptation de la femme a lieu postérieurement à l'offre de remploi. Première hypothèse. Le mari a déclaré acheter pour sa femme; il a agi comme *negotiorum gestor*. Il n'y a de contrat que par l'acceptation de la femme, et cette acceptation a un effet rétroactif. La transcription du contrat, faite par le *negotiorum gestor*, sera utile, non pas pour faire tomber les aliénations consenties du chef du mari, puisqu'elles seraient faites par un *non dominus*, mais pour faire tomber les aliénations consenties après la vente par le vendeur, car, malgré la rétroactivité de l'acceptation de la femme, ces ayants-cause du vendeur ne pourraient être évincés, s'ils s'étaient conformés à la loi du 23 mars. Quant à l'acceptation de la femme, nous croyons, conformément aux principes généraux sur les translations de propriété conditionnelles qu'il ne sera pas nécessaire de la transcrire. A cela on pourrait faire une première objection, tirée de l'art. 1338 : La ratification n'a jamais lieu que sans préjudice du droit des tiers. Ici quels sont ces tiers ? Ceux qui ont traité avec le mari. La femme devra donc faire transcrire son acceptation, pour arrêter le cours des inscriptions sur son mari. Mais dans l'art. 1338, il s'agit de la confirmation d'un contrat préexistant. Les tiers dont on parle sont ceux à qui on a cédé expressément ou implicitement l'action en nullité. Ici le mari n'a rien à céder, puisqu'il n'a aucun droit sur l'immeuble. Une deuxième objection se tirerait de l'art. 1121 : il y a ici une stipulation pour autrui, qui peut être révoquée tant que le tiers n'a pas déclaré qu'il entend en profiter. Le mari peut donc révoquer son offre tant que la femme n'a pas déclaré vouloir profiter du contrat ; or, il la révoque précisément par les aliénations qu'il fait. Ces aliénations seront opposables à la femme jusqu'à ce qu'elle ait accepté, et fait transcrire son acceptation. Mais la première condition pour que l'art. 1121 soit applicable, c'est que le contrat se soutienne du chef de celui qui a fait la stipulation. Ici le mari n'a pas figuré juridiquement au contrat; il n'y a figuré que physiquement. Cela est tellement vrai qu'il n'y a pas offre du mari, que celui-ci ne pourrait pas révoquer le contrat. Le vendeur, de son côté, ne le pourrait pas non plus; il peut seulement mettre la femme en demeure d'accepter. Mais nous croyons que le vendeur et le mari pourraient, d'un commun accord, révoquer le contrat. Deuxième hypothèse. C'est la communauté qui achète, c'est en qualité de représentant de la communauté que le mari figure au contrat. C'est la communauté qui acquiert la propriété de l'immeuble; mais la femme deviendra propriétaire, si elle accepte le remploi. Il semblerait qu'il n'y a que deux théories possibles : deux propriétés successives, ou bien deux propriétés conditionnelles dès l'instant du contrat, avec rétroactivité de l'acceptation de la femme. Mais M. Mourlon a adopté un troisième système. Nous allons examiner successivement chacun de ces trois systèmes. Premier système. Quand la femme deviendra propriétaire de l'immeuble, elle succèdera à la communauté. Donc la communauté peut rétracter son offre en constituant des droits sur l'immeuble, tant qu'il n'y a pas eu acceptation. Il y aura lieu à deux transcriptions. C'est l'hypothèse de l'art. 1595 2°, seulement ici la *datio in solutum* est faite avec un conquêt de communauté. On se fonde sur des paroles de Tronchet au Conseil d'Etat (1), et sur les inconvénients des autres systèmes. Deuxième système. Il se fonde sur l'autorité de l'ancien Droit : Pothier pensait que la déclaration du mari tenait en suspens l'état de l'immeuble (2); D'Aguesseau était du même avis, il accordait un effet rétroactif à l'acceptation de la femme (3). Les rédacteurs du Code ont-ils pu vouloir déroger à cette opinion générale, alors que les art. 1434 et 1435 sont copiés dans Pothier? Les paroles de Tronchet sont obscures, et d'ailleurs elles ne seraient que l'expression d'une opinion individuelle. L'acte de vente se ramène à deux achats, unis par une alternative, et par conséquent conditionnels tous les deux. Le mari achète pour lui-même, mais il achète aussi pour la femme, au cas où celle-ci accepterait le remploi. Si la femme accepte, la communauté n'aura été que son *negotiorum gestor*. S'il y avait deux mutations, la régie devrait prendre deux droits; jusqu'ici elle n'en a perçu qu'un. Si l'on exigeait deux droits, on rendrait les remplois impossibles. On dit : l'effet rétroactif est fâcheux, parce qu'il rend la propriété incertaine; il est possible que la femme ne se prononce que dans vingt ans. Cet inconvénient existe pour toutes les ventes conditionnelles; le mari a le droit de

(1) Fenet, t. XIII, p. 563.

(2) Traité de la Communauté, n° 200.

(3) 27e plaidoyer.

mettre sa femme en demeure de se prononcer. Si la déclaration du mari ne doit produire aucun effet, pourquoi l'exiger ? Vous paralysez l'exercice du remploi entre les mains de la femme. Dans ce système, qui est le nôtre, il n'y a qu'une transcription à faire, celle de l'acte de vente ; l'acceptation de la femme n'est que l'accomplissement de la condition, lequel échappe à la transcription. Troisième système : M. Mourlon suppose que l'immeuble périt pendant que la femme est encore à délibérer ; il ne périt pas pour la femme, puisqu'elle n'a pas été en cause au contrat, ni pour le vendeur, puisque la vente est pure et simple de son chef. Il ne peut périr que pour la communauté. Si la communauté a les charges, il faut qu'elle ait les avantages, c'est-à-dire le droit d'aliéner, le droit de retirer l'offre. On mettra la femme en demeure, dit-on ; mais cela seul ne met pas l'immeuble à ses risques. M. Mourlon ne voit pas qu'il supprime tous les principes sur les ventes conditionnelles : la communauté est propriétaire de l'immeuble sous condition résolutoire ; c'est pour elle qu'il périt. Elle a les charges, mais elle a aussi les avantages : est-ce qu'elle ne jouit pas de l'immeuble ? Est-ce qu'elle n'en perçoit pas les fruits ? Poussé par cette idée fausse que la communauté devait pouvoir aliéner l'immeuble, parce que c'est pour elle que l'immeuble périt, M. Mourlon a adopté un troisième système : La femme devra respecter tous les droits créés par le mari ; dès que le mari a consenti des droits sur l'immeuble, il n'y a plus remploi, mais *datio in solutum* ordinaire. Mais si l'acceptation de la femme est donnée *rebus integris*, il y a rétroactivité. En d'autres termes, il y aurait ici une faculté d'élire en command avec désignation de la personne. Après de grandes hésitations, M. Mourlon décide que, dans tous les cas, la transcription de l'acte de vente suffit : il fait connaître aux tiers l'état précaire de la propriété. M. Flandin a très-justement qualifié ce système de nouveauté juridique. Il y a là une vente qui est tout à la fois conditionnelle et non conditionnelle. Si elle n'est pas conditionnelle, pourquoi respectez-vous les hypothèques conventionnelles, et ne respectez-vous pas les hypothèques légales ou judiciaires ? Si elle est conditionnelle, pourquoi ne faites-vous pas tout disparaître ? Troisième hypothèse. Le mari agit comme mandataire de la femme, soit qu'il ait reçu un mandat exprès, soit que le remploi ait été prescrit par le contrat de mariage. La propriété de l'immeuble vendu passe alors immédiatement à la femme.

Reprises.—Nous supposons que le mari a aliéné un bien de sa femme, et qu'aucun autre bien n'a été acquis en remploi. La femme est créancière du prix de son bien aliéné. (Art. 1433.) S'il n'y a pas d'argent comptant, la femme prendra en payement un bien de son mari, dans tous les cas, si le régime matrimonial est un régime exclusif de communauté, et, si le régime est la communauté, dans le cas où elle y renonce (car alors tous les biens sont censés avoir toujours été la propriété du mari), ou, si elle l'accepte, dans le cas où les biens de la communauté sont insuffisants. (Art. 1436.) Dans tous ces cas, l'opération est une véritable *datio in solutum*. Mais je suppose que la femme accepte la communauté, et se paye avec un bien de la communauté. Reçoit-elle ce bien à titre de créancière ? et alors il y a une *datio in solutum*, une véritable acquisition; ou bien exerce-t-elle ses reprises à titre de propriétaire ? La femme devrait alors être considérée comme propriétaire à partir du jour de l'acquisition par le mari du bien sur lequel elle exerce ses reprises; chaque fois que la communauté acquerrait un bien nouveau, la propriété de ce bien serait acquise à la femme sous la condition suspensive : si, à la dissolution de la communauté, elle le prélève à titre de reprises. La femme, du reste, ne pourrait écarter avec ce droit de propriété ceux à qui le mari aurait consenti des droits réels ; elle ne pourrait l'opposer qu'aux créanciers chirographaires. Le mari peut toujours aliéner, hypothéquer les biens de la communauté. Il représenterait sa femme en aliénant, en hypothéquant, et ne la représenterait pas en s'engageant ! Singulier droit de propriété que celui qui porte sur des objets susceptibles d'être ainsi transformés ! Mais ce système est abandonné depuis l'arrêt de cassation de 1858 ; nous ne voulons reproduire ni les arguments à l'aide desquels on prétendait l'appuyer, ni les réponses qu'on y pouvait faire. Nous devions seulement le mentionner parce qu'il contenait une application de la translation de propriété sous condition suspensive.

III. Legs transférant au légataire la propriété de l'objet légué. — A cet effet tout legs d'un corps certain appartenant au testateur. Si le testateur a légué une chose *in genere*, ce legs est valable, quand même aucun objet de ce genre ne se trouverait dans la succession, mais il ne saurait être translatif de propriété, même conditionnelle. Si le testateur a légué un *genus limitatum*, par exemple une chose à prendre parmi celles de même espèce qui font partie de sa succession, nous croyons qu'il y a transport conditionnel de propriété. L'art. 1022, C. N. ne s'applique pas à ce cas ; en conséquence, le choix pourra appartenir au légataire aussi bien qu'à l'héritier, et, s'il appartient à l'héritier, celui-ci pourra offrir la chose de la moindre qualité. Le legs de la chose d'autrui, même en le supposant valable dans certains cas, ne saurait être translatif de propriété, même sous condition suspensive. De même pour le cas où le testateur aura légué la chose de l'héritier, si l'on admet que cette hypothèse n'est pas comprise dans l'art. 1021. A quel moment la chose léguée a-t-elle dû appartenir au testateur, pour que la propriété en soit transférée *ipso jure* au légataire ? Le testateur, qui n'était pas propriétaire de la chose au moment de la confection du testament, se trouve en être propriétaire au jour de son décès, cela suffit évidemment pour que la propriété soit transférée *ipso jure* au légataire. Peu importe l'époque de la confection du testament. Mais d'un autre côté, il ne suffit pas de considérer l'époque du décès. Si le testateur a aliéné la chose dans l'intervalle, il n'y a pas translation de propriété au légataire, attendu que le legs a été révoqué par cette aliénation, et reste révoqué, quand bien même la chose est rentrée dans la main du testateur. Ce résultat a lieu, même quand le retour de la chose dans la main du testateur a pour cause la nullité absolue de l'aliénation. (Art. 1038.) Il peut pourtant y avoir difficulté dans le cas où le testateur aurait fait une donation nulle en la forme de l'objet légué. On dit : lorsque le donateur n'a pas observé les formes prescrites pour la validité des donations, la loi suppose que sa volonté n'a pas été libre. Nous croyons que ce motif ne peut suffire à introduire une distinction dans l'art. 1038. Nous ferons néanmoins exception pour le cas où il y aurait nullité de l'aliénation pour cause de violence exercée contre le testateur, parce qu'alors l'aliénation ne pourrait impliquer de sa part l'intention de révoquer le legs. Il ne faudrait pas étendre cette décision au cas de dol. S'il s'agissait d'une expropriation pour cause d'utilité publique ou d'une saisie immobilière, l'art.

1038 ne s'appliquerait pas, si le testateur était redevenu propriétaire, parce qu'ici l'aliénation n'a pas été volontaire. Qu'arrivera-t-il si le testateur a légué une chose dont il était copropriétaire par indivis avec un tiers, Titius ? Si le partage est fait avant le décès, ou bien la chose sera tombée au lot de Titius, et alors le legs sera révoqué, ou bien elle sera tombée au lot du testateur, et alors le legs sera valable et translatif de propriété. Mais si le partage est intervenu après le décès ? La question est très-débattue. Il y a des auteurs qui pensent qu'il faut encore faire dépendre la validité du legs de l'événement du partage. On applique ici la règle de l'art. 883 C. N. Mais la fiction de l'art. 883 n'a qu'un effet restreint aux hypothèses qu'elle avait spécialement en vue. Pour nous, la solution est dans l'art. 1423. Le legs sera valable dans tous les cas, seulement il s'exécutera tantôt en nature, tantôt par équivalent. Il ne transfèrera donc la propriété que sous la condition suspensive : si la chose tombe au lot des héritiers.

Mais supposons une condition formelle apposée au legs par le testateur. Toute condition peut-elle être apposée à un legs? Un legs peut être fait sous une condition simplement potestative de la part de l'héritier ou de la part du légataire. On ne saurait dans notre droit annuler aucun legs sous prétexte qu'il serait fait *pœnæ nomine*. Seulement, si la condition imposée à l'héritier consiste dans un fait immoral ou illicite, elle sera réputée non écrite. Si le legs est fait sous une condition purement potestative de la part de l'héritier, il est nul. Si l'héritier l'exécute, il y aura là une donation, soumise pour sa validité aux règles des donations ordinaires. Le legs est fait sous une condition purement potestative de la part de l'héritier si l'on a dit : si mon héritier le veut bien, y consent, ou même le juge convenable. On ne saurait admettre encore aujourd'hui sur ce point les tempéraments du droit Romain. Si le legs est fait sous une condition purement potestative de la part du légataire, nous pensons qu'il est valable, et qu'il y a là un véritable legs conditionnel. En effet, aujourd'hui comme à Rome, le légataire a un droit au legs par le fait seul du décès du testateur, sans avoir besoin de manifester son intention d'accepter. Il est saisi, non pas sous la condition suspensive de son acceptation, mais sous la condition résolutoire de sa répudiation. Si donc le testateur a dit : je lègue ma maison A à Titius, s'il le veut bien, ou, ce qui revient au même s'il monte au Capitole; comme il faut supposer que le testateur a voulu faire quelque chose de sérieux, nous déciderons que l'effet d'un pareil legs sera de reporter le *dies cedens* au jour où le légataire manifestera sa volonté d'accepter, ou bien montera au Capitole. Si le legs est fait sous une condition simplement potestative imposée à un tiers, il est valable bien certainement. Mais s'il s'agit d'une condition purement potestative, le legs est nul, parce que cela implique une délégation du droit de tester. L'ordonnance de 1735 permettait de laisser à un tiers la faculté de choisir le légataire parmi plusieurs personnes désignées. C'est ce qu'on nommait faculté d'élire. La loi du 17 nivôse an II a aboli cette faculté, même avec effet rétroactif. (Art. 23.) Dans les legs, les conditions immorales ou illicites sont réputées non écrites. (Art. 900 C. Nap.) Cette règle, peu justifiable en raison, devra autant que possible être restreinte par l'application de l'art. 901. Dans les legs, le terme incertain équivaut à une condition. Le terme incertain est un événement qui doit certainement arriver, mais sans qu'on sache à quelle époque. Il n'est donc pas certain qu'il arrivera avant la mort du légataire. Or, comme les libéralités testamentaires ont un caractère éminemment personnel, il s'en suit que le legs fait sous un terme incertain ne vaudra que si le légataire existe encore à l'échéance du terme. « Si le légataire existe encore à l'échéance du terme, » cela constitue bien un événement futur et incertain, c'est-à-dire une condition.

Pendente conditione, c'est l'héritier qui est véritablement propriétaire de la chose léguée sous condition. C'est à lui qu'appartiennent les actions résultant de la propriété, la revendication par exemple. Cette revendication pourrait avoir lieu contre le légataire lui-même, soit qu'il se fût mis de sa propre autorité en possession de la chose léguée, soit que l'héritier la lui eût livrée par erreur. La chose léguée sous condition suspensive peut-être comprise dans le partage comme les autres choses de la succession. C'est l'héritier qui possède la chose et qui en perçoit les fruits, à moins que le testateur n'ait expressément déclaré dans le testament qu'ils courraient au profit du légataire. L'héritier peut consentir sur la chose léguée toute espèce de droits réels, révocables par l'arrivée de la condition. Le légataire ne peut posséder la chose ; si elle est en sa possession, il n'est que détenteur précaire, et ne saurait prescrire. Néanmoins, il a dès à présent un certain droit : il peut consentir sur la chose léguée des droits réels susceptibles d'être confirmés par l'arrivée de la condition. Il peut traiter, transiger sur le droit qui lui a été transféré conditionnellement, pourvu que ce droit soit ouvert par le décès du testateur ; il peut y renoncer. Ce n'est point en effet faire de traité ou de renonciation au sujet d'une succession future. Enfin il peut exercer tous actes conservatoires, par exemple interrompre la prescription contre un tiers détenteur de la chose léguée, faire opposition à ce que le rapport ou le partage se fasse en fraude de ses droits (1), demander la séparation du patrimoine du défunt d'avec celui des héritiers (2). S'il y a un ou plusieurs exécuteurs

(1) Art. 865, 882 C. Nap.

(2) Art. 878, 2111 C. Nap.

testamentaires, certains actes conservatoires devront être faits par eux au lieu et place du légataire conditionnel qui n'aura que le droit de leur en signaler l'utilité. Toutefois, bien que l'art. 1031 leur accorde le droit d'intervenir dans les contestations qui pourront s'élever sur l'exécution du testament, les tribunaux pourront décider que le légataire conditionnel conserve le droit d'y intervenir aussi de son côté.

Le légataire n'a rien à transcrire. Les actes de dernière volonté sont en dehors des dispositions de la loi du 23 mars 1855. Dès que le testateur est mort, ses dispositions sont réputées connues des tiers, et comme telles opposables à ceux qui depuis l'ouverture de la succession entreront en rapport d'affaires avec l'héritier que l'événement de la condition peut venir à dépouiller. Cela est-il convenable? On dit : si l'on ne donne pas au légataire un délai pour transcrire, il arrivera souvent qu'il sera déchu injustement, car il peut ignorer l'existence de la disposition faite en sa faveur. Si on lui accorde un délai on immobilise la propriété de la chose léguée entre les mains de l'héritier. Cette dernière considération n'a aucune valeur : est-ce que dans le cas qui nous occupe, celui de legs conditionnel, il n'y a pas par la force même des choses incertitude sur la propriété, et le plus souvent pendant un espace de temps plus long que le délai qu'on accorderait au légataire pour transcrire? Eh bien, il se produirait toujours ce qui se produit en cas de legs conditionnel. L'intérêt des tiers en vaut bien la peine. Quoi qu'il en soit, le legs transférant la propriété n'est aujourd'hui soumis à la transcription, qu'autant qu'il est fait à charge de substitution(1).

Le legs conditionnel peut devenir caduc, soit par la défaillance de la condition, soit par d'autres événements. Pour savoir quand la condition doit être réputée défaillie, il faut recourir à ce que nous avons dit en parlant des contrats. Le legs est caduc si, avant l'accomplissement de la condition, la chose léguée vient à périr en totalité, soit du vivant du testateur, soit après son décès (2). Cependant, dans le second cas, il vaut mieux dire que le legs n'est pas caduc, mais que, la chose léguée étant aux risques du légataire dès le moment du décès, il doit supporter la perte totale de la chose arrivée par cas fortuit. Il n'y aura pas entre les deux cas une simple différence de mots : si la chose ne périt qu'après le décès du testateur, le légataire aura droit aux accessoires qui auront survécu, si la condition vient ensuite à se réaliser, tandis que, dans aucun cas, il n'aura droit à ces accessoires si la chose a péri du vivant du testateur. De ce que, pour que la propriété de la chose léguée conditionnellement soit transférée au légataire, il faut que cette chose

(1) Art. 1069 C. Nap.
(2) Art. 1042.

existe au moment où la condition se réalise, il résulte que le legs d'une chose future, legs qui ne transfère au légataire qu'une propriété conditionnelle, est caduc, si l'existence de la chose ne s'est pas réalisée au moment où, d'après l'intention du testateur, devait avoir lieu l'événement de la condition. Le legs est encore caduc si, avant l'accomplissement de la condition, le légataire décède ou devient incapable de recueillir le legs (1).

Dans tous ces cas, le legs est de plein droit réputé non avenu, et doit être considéré comme n'ayant jamais existé. En conséquence, tous les droits que le légataire a pu *pendente conditione* consentir sur la chose léguée, ne prennent aucune existence, et demeurent dans le néant. Mais les points qui auraient été l'objet d'un règlement amiable ou judiciaire entre les parties, par exemple, à propos d'actes conservatoires exercés par le légataire, n'en doivent pas moins demeurer définitivement réglés. Qui doit profiter de la caducité du legs? L'héritier, ou, suivant les cas, le substitué vulgaire ou les légataires conjoints. Si ces derniers, conjoints au legs, le sont aussi à la condition, ils ne recueilleront le legs, en cas de décès ou d'incapacité du premier légataire, que si la condition vient ensuite à s'accomplir. Le substitué vulgaire peut être substitué purement et simplement, par exemple, si j'ai dit : Je lègue mon cheval

(1) Art. 1040 et 1043 in fin.

à Primus *si navis ex Asia venerit*, et, si Primus fait défaut, je lui substitue Secundus. En ce cas, Secundus profitera de la caducité du legs fait à Primus, qu'elle se produise par suite du décès ou de l'incapacité de Primus, ou par suite de la défaillance de la condition. Mais je puis avoir substitué Secundus sous la condition inverse de celle imposée à Primus, comme si j'ai dit : Je lègue mon cheval à Primus *si navis ex Asia venerit; si navis ex Asia non venerit*, je le lègue à Secundus. En ce cas, si Primus décède ou devient incapable, il faudra, pour savoir si Secundus doit profiter du legs, attendre la réalisation ou la défaillance de la condition. Si l'héritier, le substitué vulgaire, les légataires conjoints, ont, avant l'événement qui les fait profiter du legs, consenti des droits réels sur la chose léguée, ces droits seront confirmés ou prendront une existence rétroactive en vertu de la caducité du legs.

Quand la condition du legs doit-elle être réputée accomplie? Nous ne pourrions ici que reproduire les règles que nous avons développées en parlant des contrats. Faisons toutefois une ou deux remarques spéciales aux legs. S'il s'agit d'une condition potestative ou mixte, on sera bien moins exigeant pour son accomplissement s'il s'agit de dispositions testamentaires que s'il s'agit de contrats. Les dispositions testamentaires ayant leur cause, leur motif déterminant dans l'esprit de libéralité qui les inspire, on suppose que le testateur n'a entendu soumettre le legs à l'accomplissement de la condition, que tout autant qu'il n'y aurait pas d'impossibilité, sans la faute ou la négligence de celui qui était chargé de l'accomplir. Cette règle, posée par le droit Romain (1), a été suivie par notre ancienne jurisprudence. Je vous lègue mon cheval si vous allez à Paris, si vous payez mille francs à Titius, si vous épousez Mœvia. Une force majeure vous empêche d'aller à Paris; Titius ou son tuteur pour lui refuse de recevoir les mille francs (2); Mœvia refuse de vous épouser, elle meurt avant l'âge de nubilité, elle meurt même après les préparatifs, mais avant la célébration du mariage; la condition est censée accomplie, parce qu'il n'a pas dépendu de vous qu'elle le fût. La condition ne doit en général être censée accomplie que tout autant que l'empêchement vient de la personne en qui la condition devait s'accomplir, soit qu'il résulte d'un cas fortuit, d'une force majeure ou d'un fait volontaire et spontané de sa part. Que si, au contraire, l'empêchement vient de celui qui doit accomplir la condition, fût-ce même un accident de force majeure, la condition, loin d'être réputée exécutée, est, dans ce cas, censée défaillie. Ainsi, je lègue mon cheval à Titius s'il épouse Seia; la mort de Titius fait défaillir la condition, tandis que le refus de Seia la fait réputer accom-

(1) L. 8, § 7, D. condit. instit. (28, 7).
(2) L. 3, D. de condit. instit.

plie (1). Tout cela du reste dépend des circonstances. Il faut exiger l'accomplissement strict et rigoureux de la condition toutes les fois qu'il apparaît, soit d'après les circonstances, soit d'après les termes de l'acte, que l'exécution de la condition était la cause finale et déterminante du legs, de telle sorte que le legs n'eût pas été fait autrement. La L. 4, C. *de condit. instit.*, en contient un exemple pour un cas de mariage dont la célébration seule peut satisfaire à la condition. Si celui qui était chargé d'accomplir la condition avait commis quelque faute, quelque négligence, il ne pourrait prétendre que la condition est censée accomplie, alors même qu'en définitive elle n'eût manqué que par un événement de force majeure. Le simple retard, *mora*, peut même constituer la faute (2); et, comme les conditions potestatives doivent s'accomplir aussitôt qu'on le peut, *cum primum potuerit* (3), celui qui est chargé de la condition doit, sous peine d'être constitué en faute, se mettre le plus promptement possible en mesure d'y satisfaire. L'art. 1178 s'appliquera évidemment à la matière des legs; il sera même plus facile de trouver une hypothèse pratique, parce qu'ici la personne obligée sous condition, l'héritier, ne se sera pas imposé à elle-même la con-

(1) LL. 31 et 101, D. de condit. et demonstr. (35, 1).
(2) L. 112, § 1, D. de condit. et demonstr.
(3) L. 29, D. de condit. et demonstr. (35, 1).

dition dans un contrat. Ainsi, on peut supposer que j'ai légué une chose au rédacteur d'un journal, s'il fait paraître à mon sujet un article nécrologique : mon héritier intervient, et obtient que l'article ne paraîtra pas.

La condition accomplie, le légataire peut demander à qui de droit la délivrance de la chose léguée. Il doit la demander, alors même qu'il se serait mis lui-même en possession : son délit ne peut avoir pour effet de le décharger d'une obligation. Mais si c'est le testateur ou l'héritier qui lui ont volontairement consenti la détention précaire de la chose *pendente conditione*, la demande en délivrance est inutile. La chose devra lui être délivrée avec les accessoires nécessaires, et dans l'état où elle se trouve au jour de l'arrivée de la condition. Le légataire n'aura droit aux fruits qu'à compter du jour de sa demande en délivrance, à moins que le testateur n'ait formellement déclaré une volonté contraire (art. 1014, 2e alin. et 1015). Le légataire a tout à la fois l'action personnelle et l'action réelle pour obtenir la délivrance de son legs. Par l'action personnelle, il ne peut agir contre chaque débiteur du legs que pour la part et portion dont ce débiteur profite dans la succession. Par l'action réelle, au contraire, il obtiendra la délivrance de la chose entière, de la part de tout détenteur, quand même ce détenteur ne serait pas un débiteur du legs, ni même un héritier, mais un simple détenteur indu, un tiers possesseur, de bonne ou de mauvaise foi. L'action hypothécaire, que l'art. 1017 accorde en outre au légataire, est bien une action particulière, et non pas seulement une garantie de l'action personnelle, car elle existe contre tout détenteur des immeubles de la succession, et contre chacun des héritiers tenus de l'action personnelle, elle existe pour le tout, jusqu'à concurrence de la valeur des immeubles de la succession dont ils sont détenteurs (art. 1017). Des deux interprétations données dans notre ancien droit sur la Constitution de Justinien (1), le Code Napoléon a adopté celle qui conférait le plus de droits au légataire. Nous n'hésitons pas à dire que cette décision est contraire à tous les principes du droit : elle met le légataire sur le même pied qu'un créancier qui aurait reçu une hypothèque du défunt, et il y a une différence du tout au tout entre les deux situations : le légataire n'a jamais eu, comme le créancier, une créance unique; sa créance est née divisée. Bien que légale, l'hypothèque de l'art. 1017 n'est pas dispensée d'inscription; elle ne prendra rang qu'à partir de cette inscription. Le légataire a donc intérêt à la faire le plus tôt possible; et, comme elle constitue évidemment un acte conservatoire, le légataire conditionnel pourra la requérir même *pendente conditione*. Si la chose léguée n'appartenait pas au testateur (2), l'événement de

(1) L. 6, C. (1, 43).

(2) Ce n'est pas là le legs de la chose d'autrui; l'art. 1021

la condition mettra le légataire *in causa usucapiendi*. Si donc à ce moment il est en possession de la chose léguée, la prescription courra à son profit à partir de ce moment. Il pourra, s'il le veut, joindre à sa possession celle de l'héritier; mais comme la possession, entre les mains de l'héritier, a eu nécessairement les mêmes caractères, les mêmes vices que ceux qu'elle avait entre les mains du testateur, le légataire peut avoir intérêt à prescrire sur de nouveaux frais. L'événement de la condition a-t-il, dans les dispositions testamentaires comme dans les contrats, un effet rétroactif ? Les réponses divergentes qu'on a faites à cette question, viennent de ce que l'on a confondu deux théories bien distinctes, que nous avons bien distinguées en droit Romain, la théorie de la rétroactivité, et celle du *dies cedit*. En droit Français, il est certain que la condition a un effet rétroactif dans les legs, puisque, si elle s'accomplit, tous les droits consentis *pendente conditione* par les héritiers ou les autres ayants-droit éventuels au legs sont anéantis, et réciproquement, ceux consentis par le légataire prennent leur existence à partir du jour où ils ont été consentis. Mais, dit-on, il n'y a pas rétroactivité, puisque le légataire, vivant ou capable au moment du décès du testateur, ne recueillera pas le legs, si, au moment

suppose que le testateur a légué une chose qu'il ne possédait pas, qui, même en fait, ne faisait pas partie de son patrimoine.

de l'arrivée de la condition, il est décédé ou incapable. Si; la condition rétroagit, mais seulement si elle s'accomplit en temps utile. Quand pourra-t-elle s'accomplir utilement ? C'est là la théorie du *dies cedit*. En droit Français comme en droit Romain, le *dies cedit*, dans les legs conditionnels, a lieu *eveniente conditione*. En faut-il conclure que l'existence et la capacité du légataire seront indifférentes à une époque antérieure ? En droit Romain, il fallait encore considérer l'époque de la confection du testament, d'après la règle Catonienne. Cette règle, toute spéciale et tout arbitraire, ne peut évidemment avoir d'application chez nous. Elle ne s'appliquait pas, du reste, aux legs conditionnels. Il faut donc dire que l'existence et la capacité du légataire conditionnel seront indifférentes au moment de la confection du testament. Mais nous croyons que le légataire conditionnel devra être vivant et capable au jour du décès du testateur, de même que, dans les contrats, le créancier conditionnel doit être capable au jour de la convention. Le Code a fait, dans l'art. 1040, une exception aux règles de la condition dans les contrats; pour tout le reste, il entend faire régir les conditions dans les legs par les mêmes règles que dans les contrats. L'art. 906, en décidant *qu'il suffit* que le légataire soit conçu à l'époque du décès du testateur, décide par cela même virtuellement *qu'il est nécessaire* que le légataire soit conçu au moins à cette époque. Et cela sans distinction entre les legs purs et simples et les legs conditionnels. L'art. 906 a reproduit l'art. 49 de l'ordonnance de 1735, que Furgole déclarait applicable aux dispositions conditionnelles aussi bien qu'aux dispositions pures et simples. On ne concevrait pas, en effet, qu'on pût être légataire d'une personne si on n'avait pas existé simultanément avec elle. Aux yeux de la loi, il doit évidemment en être de l'existence civile comme de l'existence physique. Le légataire conditionnel acquiert, dès avant l'événement de la condition, un certain droit; il faut donc qu'il soit vivant et capable. De ce que le légataire conditionnel doit être capable au jour du décès du testateur, nous conclurons que le legs fait à une personne incapable sous la condition : si elle devient capable, est nul, à moins que cette personne ne soit devenue capable avant le décès du testateur. Ainsi le legs fait à une personne morale future, à une communauté qui ne constitue pas une personne morale sous la condition : si elle remplit les formalités nécessaires pour le devenir, est nul. Mais toutes les fois que la disposition pourra être considérée comme faite au profit d'une personne morale déjà existante, telle qu'une commune, un bureau de bienfaisance, à charge de fonder l'établissement en question, de transmettre le legs à la communauté, quand elle se sera fait autoriser, le legs devra être considéré comme valable. *Quid* si le légataire, capable au jour du décès du testateur, devient incapable, puis recouvre sa capacité pour le jour de l'arrivée de la condition ? Nous croyons qu'il ne peut recueillir le legs : l'art. 1040 fait évidemment de la caducité quelque chose d'instantané et d'irrévocable.

Un legs de propriété est-il fait sous une condition suspensive tacite, lorsque l'héritier ou le légataire chargé de l'acquitter est lui-même institué sous une condition suspensive ? Non ; la propriété de la chose léguée est transférée au légataire purement et simplement : ce qui dépend de l'héritier institué sous condition, ce n'est pas le transport de la propriété, c'est seulement l'exécution, la délivrance du legs. Si la condition fait défaut, le légataire ne pourra pas actionner l'héritier s'il n'est pas détenteur de la chose léguée ; mais il actionnera toute autre personne qui aura cette chose entre les mains.

Les legs faits au profit des établissements d'utilité publique sont nécessairement faits sous la condition suspensive de l'autorisation du gouvernement. (Art. 900). En attendant cette autorisation, le chef de l'établissement ou le titulaire pourra faire tous actes conservatoires. (Ord. du 14 janvier 1831.) La demande en délivrance ne saurait évidemment être considérée comme un acte conservatoire. Si le gouvernement refuse son autorisation, le legs est caduc. S'il la donne, la condition *legis* apposée au legs se trouve réalisée, et, comme à ce moment, le légataire a été capable, il recueille le legs avec rétroactivité au jour du décès du testateur.

IV. *Prescription.* — Si l'on admet que la prescription est véritablement un mode d'acquisition de la propriété (art. 712), il faut dire que celui qui possède un immeuble dans les conditions nécessaires pour arriver à la prescription, est propriétaire sous la condition suspensive : s'il invoque la prescription, et si la prescription est reconnue. En conséquence, la condition se réalisant, il est considéré comme ayant toujours été seul et unique propriétaire. Du reste, on arrive au même résultat dans l'autre système, celui où la prescription n'est qu'une présomption de propriété.

Dans le cas où la prescription suppose un titre, faut-il que ce titre ait été transcrit? Nous ne le pensons pas. La prescription par 10 à 20 ans est moins une prescription spéciale qu'un moyen d'abréger le délai ordinaire de la prescription. Celui qui oppose la prescription ne fonde pas sa défense sur un acte translatif, mais sur la prescription ; il n'invoque le titre que pour colorer sa possession. Aux termes de l'art. 25 de la loi du 11 brumaire an VII sur les expropriations forcées, l'adjudicataire n'était admis au bénéfice de la prescription de 10 ans qu'autant qu'il avait fait transcrire l'adjudication faite à son profit ; cette disposition n'a été reproduite nulle part dans le droit actuel. Nous maintenons notre solution même dans le cas où les deux personnes en présence auraient acheté du même vendeur. Pierre vend l'immeuble A dont il n'est pas propriétaire à Primus qui est de bonne foi, et qui ne fait pas transcrire ; puis il vend le même immeuble à Secundus qui fait transcrire. Nous croyons qu'après 10 ans Primus pourra opposer la prescription à Secundus. Mais, dit-on, on est ici dans l'hypothèse des art. 1er et 3 de la loi du 23 mars. Néanmoins, nous croyons qu'on peut refaire l'argument de tout à l'heure : Primus ne se fonde pas sur l'acte translatif, mais sur la prescription. Cela est de toute justice : Secundus a traité avec Pierre à un moment où celui-ci, même en le supposant propriétaire, ne l'aurait plus été.

CONDITION RESOLUTOIRE.

I. Accession. — Un propriétaire a fait, sur son terrain, des constructions ou plantations avec les matériaux ou avec les plantes d'autrui. Il devient propriétaire par accession de ces matériaux ou de ces plantes. (Art. 712 C. N.) Son droit de propriété sur ces matériaux ou ces plantes est-il soumis à une condition résolutoire : si les matériaux viennent à être détachés du bâtiment, si les plantes viennent à être détachées du sol ? Non certainement, et, si on se place à ce point de vue, on ne saurait décider que, alors que l'indemnité accordée au propriétaire des matériaux ou des plantes par l'art. 554 est encore due, celui-ci peut les revendiquer, si le bâtiment est démoli, soit par accident, soit par le fait du constructeur. Mais ne pourrait-on pas dire, malgré l'art. 712, que le propriétaire des matériaux n'en a pas perdu la propriété par le fait de leur incorporation au bâtiment ? Son droit de propriété sommeille, parce que, ce qui existe à présent, ce ne sont pas des matériaux, mais un bâtiment. Il n'y a pas besoin, pour expliquer l'art. 554, de recourir à l'accession, ce mode d'acquisition de la propriété nominal et problématique. La disposition de l'art. 712 ne saurait prévaloir contre la réalité. Si nous trouvons dans le titre 11 du livre II du Code civil des décisions que nous ne puissions pas expliquer par les principes du droit, alors nous invoquerons l'accession, qui n'est qu'un cas particulier de la *lex*, nous dirons qu'il y a attribution légale de la propriété. Appliquant ces principes à notre espèce, nous déciderons que si, alors que l'indemnité est encore due, le bâtiment est démoli, le propriétaire des matériaux pourra les revendiquer. De même, malgré l'art. 712, nous ne dirons pas que le propriétaire d'un colombier, d'une garenne, devient propriétaire par accession des pigeons, des lapins qui s'y fixent, sous la condition résolutoire : s'ils reprennent leur liberté. Ce propriétaire n'a jamais été propriétaire que d'un colombier, d'une garenne; si des animaux se fixent sur son fonds, il n'acquiert rien; si ceux qui s'y étaient fixés reprennent la vie sauvage, il ne perd rien. De même encore, il ne faut pas voir la résolution d'un droit de propriété dans l'art. 568. En principe, celui dont la chose a été employée pour former par adjonction un nouvel objet, n'a pas le droit de demander la séparation, de revendiquer sa chose; son droit de propriété est paralysé. (Art. 566.) Mais si la chose unie est beaucoup plus précieuse que la chose principale, et si elle a été employée à l'insu du propriétaire, celui-ci peut demander que la chose unie soit séparée pour lui être rendue, même quand il pourrait en résulter quelque dégradation de la chose à laquelle elle a été jointe. (Art. 568.) Il n'y a pas là la résolution d'un droit de propriété qui n'a jamais existé. Nous en conclurons que, si la chose unie vient à être détachée, soit par accident, soit par le fait du propriétaire de la chose principale, l'exercice de la revendication, paralysé un instant entre les mains du propriétaire de la chose unie, redeviendra possible.

II. Contrats. — A. Condition conventionnelle. — On peut subordonner à une condition résolutoire la translation de propriété résultant d'un contrat de deux manières bien distinctes : 1° On peut dire : je vous vends telle chose ; si tel événement arrive, la vente sera résolue. C'est là la condition résolutoire formelle, proprement dite ; 2° on peut dire : je vous vends ou je vous donne telle chose, à charge par vous de faire telle ou telle chose. C'est là ce qu'on appelle le mode ; il en résulte cette condition résolutoire tacite, sous-entendue : si vous n'accomplissez pas le fait dont je vous ai chargé, la vente, la donation sera résolue. Nous traiterons successivement des effets de la condition résolutoire proprement dite, et des effets du mode.

1° *Condition résolutoire proprement dite.* — Plaçons-nous d'abord *pendente conditione*, puis après la défaillance ou l'accomplissement de la condition.

Pour ce qui se passe *pendente conditione*, le principe est posé par l'art. 1183, 2e alin. : la condition résolutoire ne suspend point l'exécution du contrat. La chose doit être livrée immédiatement au créancier, à moins qu'un terme n'ait été stipulé en outre de la condition résolutoire. Le créancier a les mêmes droits, peut exercer les mêmes actions que si le contrat était pur et simple. Si par erreur, il restituait la chose au débiteur avant l'accomplissement de la condition résolutoire, il aurait la répétition de l'indû. Sur sa tête la propriété réside dans toute sa plénitude, sauf résolution. Il jouit, il administre, il possède. Par exception cependant, l'acquéreur à pacte de rachat, véritable condition résolutoire potestative, ne peut user de la faculté d'expulser le preneur, jusqu'à ce que, par l'expiration du délai fixé pour le réméré, il devienne propriétaire incommutable. (Art. 1751.) Le législateur n'a point voulu que l'acquéreur expulsât le preneur, tant qu'il pouvait lui-même être évincé par le vendeur à l'égard duquel le bail était obligatoire. L'art. 1751 ne faisant aucune distinction, est applicable tout aussi bien au cas où le bail est sans date certaine, qu'à celui où, le bail étant authentique, la faculté d'expulsion y a été expressément stipulée(1). De même que le créancier, propriétaire sous condition résolutoire, a qualité pour intenter toutes les actions tant pétitoires que possessoires, de même il a seul qualité pour y défendre. A-t-il acquis une quote-part dans un chose indivise, il peut intenter l'action en partage, comme il peut y défendre. Nulle nécessité pour les copropriétaires d'appeler le débiteur en cause, à moins que celui-ci n'ait interdit au débiteur d'y figurer seul; les copropriétaires, qui doivent toujours consulter le titre du créancier, verraient cette clause, et devraient alors appeler en cause le débiteur, pour que le jugement fût commun avec lui. Le propriétaire sous condition résolutoire peut commencer à prescrire à la date de son titre. De ce moment, en effet, il a le sentiment fondé, la

(1) Troplong, louage, n° 525. — Duranton, t. 17, n° 154.

conscience de la propriété acquise, *justa opinio dominii quæsiti.* Il peut opposer aux créanciers ayant hypothèque sur l'immeuble dont il a acquis la propriété résoluble, le bénéfice de discussion de l'art. 2170, comme s'il avait acquis purement et simplement (art. 1666), sauf, au cas de clause de rachat, par exemple, le droit qu'ont les créanciers du vendeur d'accomplir la condition résolutoire, en rachetant en son lieu et place. (Art. 1166.) Il est donc, dans toute la vérité du mot, un tiers détenteur exposé à l'action hypothécaire de la part des créanciers du débiteur. Il peut, en conséquence, prescrire les hypothèques, conformément à l'article 2180 4°. (Art. 1665.) Il peut purger la propriété, opérer le délaissement, bien qu'il ne puisse aliéner que sauf résolution, car le délaissement n'est qu'une simple abdication de la possession. Le propriétaire sous condition résolutoire peut, *pendente conditione,* interrompre la prescription par voie de reconnaissance, au préjudice même du débiteur. Mais il ne peut renoncer à la prescription acquise. L'acquéreur sous condition résolutoire, comme l'aliénateur, resté propriétaire sous condition suspensive, peuvent consentir sur la chose *pendente conditione* tout espèce de droits réels, susceptibles de s'évanouir ou d'être confirmés par l'arrivée de la condition. Tous deux peuvent également pendant le même temps stipuler au profit de la chose une servitude active, opérer le dégrèvement d'une servitude passive : l'événement ou la défaillance de la condition démontreront si ce sont là ou non des stipulations pour autrui, et si, par conséquent, elles doivent être valables. L'aliénateur sous condition résolutoire restant propriétaire conditionnel, il peut se prévaloir de l'art. 1180, exercer les actes conservatoires. Ainsi il pourrait interrompre la prescription, intervenir dans les procès faits par l'acquéreur à l'occasion de la chose.

L'acquéreur sous condition résolutoire, devenant en définitive plein propriétaire par l'effet du contrat, il devra, s'il s'agit d'un immeuble, transcrire immédiatement. Les tiers seront ainsi avertis que la propriété réside actuellement en sa personne, et en même temps, comme la transcription est la copie intégrale de l'acte, ils verront que cette propriété n'est point irrévocable, et que l'acquéreur ne peut leur conférer que des droits révocables comme le sien. De son côté, l'aliénateur reste propriétaire sous condition suspensive ; si donc il cède son droit *pendente conditione,* cette cession devra être transcrite.

Qu'arrive-t-il, si la condition résolutoire vient à défaillir, soit par un événement intrinsèque à cette condition, soit par la perte totale de la chose? Le contrat reste inattaquable, la translation de propriété irrévocable. Tous les droits consentis sur la chose par l'acquéreur demeurent valables, tous ceux consentis par l'aliénateur sont anéantis.

La défaillance de la condition résolutoire, lors même qu'elle se produirait par un acte écrit, ne doit pas être portée à la connaissance des tiers par le moyen de la transcription.

Supposons maintenant que cette condition s'accomplisse. Que se passe-t-il? La condition résolutoire opère de plein droit. Il en résulte que, si les parties, malgré son arrivée, consentaient à ne point s'en prévaloir, et à la considérer comme défaillie, leur accord à cet égard constituerait un nouveau contrat, opérant une nouvelle translation de propriété, sujette à une nouvelle transcription, s'il s'agissait d'un immeuble. Si l'aliénateur avait *pendente conditione* conféré des droits sur la chose à des tiers, et si ceux-ci avaient transcrit leurs acquisitions ou inscrit leurs hypothèques, ils pourraient se prévaloir de l'accomplissement de la condition résolutoire, à moins qu'ils n'eussent expressément ou tacitement approuvé la convention qui transforme cet accomplissement en une défaillance. De même, ceux à qui l'acquéreur a consenti des droits réels, ne pourront, même s'ils les ont rendus publics, les opposer à l'aliénateur ou à ses ayants-cause qui auraient transcrit ; mais, comme par suite de la convention nouvelle l'immeuble, malgré l'arrivée de la condition, reste entre les mains de l'acquéreur, qui est leur auteur, celui-ci ne pourrait prétendre que sa propriété est libre de charges qu'il a lui-même consenties. De ce que la condition résolutoire opère de plein droit, il résulte encore que dès l'instant où elle s'est accomplie, les tiers n'ont plus le droit d'intenter contre l'acquéreur les actions relatives à la chose, quand même il serait encore en possession. Les actions hypothécaires commencées contre l'acquéreur seront suivies contre l'aliénateur. Nous croyons cependant que si l'acquéreur avait offert un prix aux créanciers hypothécaires, la résolution ne l'affranchirait pas de l'obligation de payer ce prix. La purge est en effet toute volontaire de sa part ; sa proposition, suivie d'acceptation par les créanciers hypothécaires, constitue un contrat pur et simple, qui ne saurait être soumis aux mêmes déchéances que le droit de propriété de l'acquéreur. L'aliénateur a immédiatement la revendication contre les tiers et contre l'acquéreur pour se faire rendre la chose dont la propriété vient de lui être retransférée, à moins, bien entendu, qu'il ne l'ait pas encore livrée. La restitution devra se faire selon la loi du contrat : les parties peuvent en effet régler par prévision les effets de la résolution du contrat, en ce qui touche la restitution de la chose. *Quid*, si la convention est muette sur ce point ? La chose doit être restituée avec les accessoires livrés en même temps qu'elle. Quant aux fruits perçus *pendente conditione*, il faut rechercher si les parties ont entendu, pour le cas où la condition se réaliserait, effacer ou confirmer le passé. Dans le doute, le principe de la rétroactivité devra l'emporter : les fruits perçus *pen-*

dente conditione par l'acquéreur devront être rendus à l'aliénateur. Mais la rétroactivité se restreindra aux contractants ou à leurs ayants-cause; elle ne saurait préjudicier aux droits des tiers qui se seraient valablement libérés entre les mains de l'acquéreur des fruits et des produits de la chose *pendente conditione*. Comme ils ont payé celui qui était en possession du droit de recevoir, et cela de bonne foi, l'aliénateur ne peut, après la résolution, exercer contre eux aucun recours. La chose doit être restituée à l'aliénateur telle qu'elle se trouve au moment de l'accomplissement de la condition, avec tous les accessoires qui s'y sont ajoutés par le fait de la nature, du hasard, ou par le fait de l'acquéreur. Pour les constructions et plantations, comme l'acquéreur sera presque toujours de mauvaise foi, l'aliénateur n'en deviendra propriétaire que s'il le veut bien : il aura le droit de forcer l'acquéreur à les enlever, aux termes de l'art. 555. L'acquéreur n'est point tenu des détériorations subies par la chose *pendente conditione*, à moins qu'elles ne se soient produites par sa faute. L'accomplissement de la condition résolutoire a un effet rétroactif; il remet les choses au même état que si le contrat n'avait pas existé. (Art. 1183.) L'acquéreur est censé n'avoir jamais été propriétaire, et l'aliénateur n'avoir jamais cessé de l'être. En conséquence, les droits consentis par le premier sur la chose sont anéantis; ceux consentis par le second sont confirmés rétroactivement. Tout cela sauf l'application de la loi du 23 mars 1855. Si l'acquéreur avait *pendente conditione* stipulé une servitude active au profit de la chose, ou l'avait déchargée d'une servitude passive, ces conventions sont nulles, comme stipulations pour autrui, tandis que les conventions semblables, faites par l'aliénateur, sont valables. La chose jugée contre l'acquéreur *pendente conditione* n'est pas opposable à l'aliénateur, quand même il serait intervenu dans l'instance. Néanmoins, il ne pourra critiquer l'adjudication poursuivie par les créanciers hypothécaires et prononcée sur l'acquéreur, ou, si l'acquéreur a opéré le délaissement, sur le curateur à l'immeuble délaissé. *Quid* si l'acquéreur a purgé? L'immeuble rentrera-t-il tout purgé dans les mains de celui qui l'avait aliéné, de telle sorte que les créanciers sur lesquels les fonds auront manqué, ou ceux à hypothèques légales qui ne sont point présentés, n'auront dorénavant sur cet immeuble aucun des droits hypothécaires qu'ils avaient auparavant sur lui? De même, si l'acquéreur *pendente conditione*, a prescrit les hypothèques, l'aliénateur qui rentre en possession de sa chose par l'effet de la condition résolutoire, pourra-t-il se prévaloir de cette prescription? Nous croyons que la purge opérée par l'acquéreur comme la prescription acquise à son profit, n'ont qu'un effet partiel et relatif : elles ne profitent qu'à lui, et n'ont d'autre résultat que de le mettre à l'abri du droit de suite. Cela est évident pour la prescription; ainsi, si l'on suppose que l'acquéreur a pu prescrire par dix et vingt ans, tandis que l'aliénateur ne pouvait invoquer que la prescription trentenaire, bien certainement celui-ci ne pourra se prévaloir de la prescription qui s'est accomplie au profit de celui-là. L'art. 1665 ne fait que déterminer les droits personnels de l'acquéreur, au point de vue de son intérêt particulier. Nous croyons qu'il faut en dire autant de la purge. La purge n'est qu'une exception au droit de suite, établie par la loi au profit des tiers détenteurs. Eux seuls sont libérés par elle; si la chose revient dans les mains du débiteur, l'exception tombe, le droit hypothécaire reprend toute sa plénitude, toute son intégrité. Cela se fortifie encore dans l'espèce par l'application du principe de rétroactivité; le gage est censé n'être jamais sorti des mains du débiteur qui, destitué lui-même de la faculté de purger, ne peut se prévaloir de la purge faite par un tiers vis-à-vis de ses créanciers personnels. On dira : mais la tierce détention est un fait; la rétroactivité ne peut effacer ce fait. Non! la tierce détention n'est pas un pur fait; elle suppose un titre; or, en vertu de la rétroactivité, il n'y a jamais eu de contrat, jamais d'aliénation. L'opinion contraire conduit à un résultat inique : l'hypothèque consentie *pendente conditione* par l'aliénateur étant validée par l'arrivée de la condition, ce créancier hypothécaire passerait avant celui à qui une hypothèque a été consentie avant l'aliénation, et à qui la purge effectuée par l'acquéreur n'a pu procurer le remboursement de sa créance. Dans notre opinion, les créanciers à l'égard desquels la purge sera poursuivie par l'acquéreur tiers-détenteur *pendente condilione*, et sur qui les fonds manqueront dans l'ordre, pourront s'opposer à la radiation de leurs inscriptions. Le tiers-détenteur aura le même droit, afin de garantir les effets de sa subrogation légale. Nous avons supposé que celui qui avait aliéné sous condition résolutoire était personnellement obligé aux dettes hypothécaires; mais s'il n'était lui-même qu'un tiers détenteur, il pourrait se prévaloir de la purge faite par son acquéreur *pendente conditione*. Du moment qu'il était personnellement en droit de purger, il a pu faire la purge par un tiers qu'il mettait en son lieu et place; il est indifférent aux créanciers hypothécaires par qui la purge ait été accomplie, puisqu'en définitive leur gage a été réalisé. Les créanciers pourraient seulement pratiquer entre les mains de l'aliénateur des saisies-arrêts pour les sommes dont il pourrait, tiers détenteur lui-même, être débiteur envers ceux qui originairement lui ont vendu l'immeuble. Si l'immeuble était grevé d'hypothèques pour créances dont les unes fussent personnelles à l'aliénateur et les autres ne le fussent point, la purge aurait éteint celles-ci, et non celles-là. L'acquéreur qui, à la suite de la purge, a payé les créanciers hypothécaires, pourra après la résolution de son titre, se prévaloir de la subrogation légale, pour obtenir la restitution des sommes par lui payées. Il agira contre le vendeur rentré dans sa propriété, comme auraient pu agir les créanciers eux-mêmes aux droits desquels il a succédé. Il y a plus : il exclura les créanciers à hypothèques légales qui auront négligé de se présenter et de se faire connaître, alors même qu'ils eussent pu dans le principe invoquer un rang antérieur. La purge, par lui faite, sans qu'ils aient pris soin de se montrer, a eu pour résultat, à son égard, de les faire considérer comme n'existant pas ; et, s'il était primé par eux, il éprouverait un véritable dommage de leur négligence, puisque ce n'est que faute par eux de s'être fait connaître dans les poursuites à fin de purge qu'il a payé des créanciers d'un rang postérieur. En un mot, comme subrogé, il conservera les mêmes rangs, profitera des mêmes forclusions que dans l'ordre intervenu en suite de la purge, pourvu que la radiation des inscriptions n'ait point été ordonnée et accomplie (1). Je vous vends un immeuble sous faculté de rachat ; l'acquéreur purge les hypothèques, et notamment l'hypothèque légale de ma femme. L'exercice du retrait replace l'immeuble, nonobstant la purge faite par l'acquéreur, sous l'hypothèque légale de ma femme que je ne pouvais moi-même purger. Mais en sera-t-il de même pour le tiers à qui j'ai cédé, et qui a exercé le rachat ? Comme

(1) M. Larombière.

déclarées par le juge; les tiers y ont le même intérêt. Si les parties transigent, cette mention ne sera pas faite, et pourtant les tiers auraient plus d'intérêt à connaître la transaction que le jugement, parce que les jugements ont, en eux-mêmes, une certaine publicité. Mais on n'aurait su qui charger de faire la mention. Remarquons, du reste, que cette mention n'est pas exigée pour transférer la propriété au regard des tiers; si elle n'a pas été faite, la sanction est une simple amende contre l'avoué.

2° *Mode.* — Le mode, nous l'avons déjà vu, est l'adjonction à la translation de propriété qui fait l'objet du contrat, d'une obligation accessoire, de laquelle il résulte une condition résolutoire tacite. C'est ce que les Romains appelaient *causa*, et la théorie du mode, en droit Français, correspond, jusqu'à un certain point, à la théorie des contrats innommés en droit Romain. Par sa nature, le mode affecte la personne de l'acquéreur; il ne s'accomplit que par un acte personnel; il est essentiellement potestatif ou au moins mixte. Le mode peut, lui-même, être conditionnel. Nous en avons vu un exemple dans la L. 15, *D. de condict. causa data* (12, 4). Il sera souvent assez difficile de voir si la modalité, affectant le transport de propriété, est un mode ou une condition. Dans le doute, on devra présumer le mode plutôt que la condition. Ainsi, étant donnée cette convention : Je vous vends ma maison à condition que vous donnerez 10 à Titius;

on devra présumer que l'obligation de donner les 10 est un mode, c'est-à-dire une obligation pure et simple, plutôt qu'une obligation conditionnelle, abandonnée à la volonté de l'acheteur. D'après l'art. 1157, en effet, il faut rendre le plus efficace possible l'expression de la volonté des parties. *Quid* de l'assignat, c'est-à-dire de la disposition par laquelle l'aliénateur assigne une destination à la chose qu'il aliène ? Par exemple, je vous donne ma ferme pour en faire une villa. L'assignat doit-il être présumé limitatif, ou seulement démonstratif, comme disaient nos anciens auteurs qui ont beaucoup discuté cette question ? Si l'emploi mentionné n'intéresse que la personne à qui il est indiqué, il n'y a ni condition ni mode. Mais si c'est dans l'intérêt d'un tiers que l'assignat a été fait, il constituera, suivant les cas, suivant l'intention des parties, une condition ou un mode. Tout mode ne peut pas être apposé à un contrat translatif de propriété : par exemple, s'il consistait en une chose illicite ou immorale, le contrat serait nul, à moins qu'il ne s'agisse d'une donation. Serait nulle la donation faite à la charge, par le donataire, de payer non-seulement les dettes actuelles du donateur, mais encore celles qu'il contractera postérieurement à la donation (art. 945), à moins que cette donation ne fût faite par contrat de mariage (art. 1086).

Le mode, comme la condition résolutoire, ne suspend pas l'exécution du contrat. S'il défaille, il y a lieu à une résolution du contrat; mais, avant de nous demander quels sont les effets de sa défaillance, voyons comment il peut être accompli. Le mode est une véritable obligation accessoire; en conséquence l'aliénateur a le choix, entre la résolution du contrat et l'exécution des charges; l'accomplissement du mode, à la différence de ce qui a lieu pour la condition, peut être poursuivi directement. Ce principe est incontestable dans sa généralité; il se déduit de l'art. 1184. Mais il a été contesté en cas de donation faite avec charges. Le donateur peut-il, au lieu de poursuivre la révocation de la donation, poursuivre l'exécution des charges? L'opinion dominante en doctrine est celle des anciens auteurs, à savoir que les charges de la donation ne constituent pas, pour le donataire, une obligation proprement dite, une obligation personnelle : le donataire n'est tenu que *propter rem;* il peut s'affranchir des charges en abandonnant les biens donnés, absolument comme l'art. 699 C. N. autorise le propriétaire d'un fonds servant à s'affranchir des charges de la servitude en abandonnant le fonds. La donation est, de son essence, un contrat de bienfaisance; les conventions accessoires des parties ne peuvent la transformer en contrat onéreux. Nous préférons néanmoins l'opinion opposée. Aux termes de l'art. 1134, les conventions légalement formées obligent les parties. Si la donation impose des charges au donataire, elle cesse d'être uniquement un contrat de bienfaisance;

voilà tout ! N'importe comment on l'appelle, une telle convention est licite, valable, et doit être exécutée. Pour que la question ait de l'intérêt, il faut supposer que depuis, la donation, les biens donnés ont diminué de valeur par cas fortuit. Eh bien, si le donateur ne peut que poursuivre la révocation de la donation, et n'a pas le droit de demander l'exécution des charges, les biens donnés vont rester à ses risques après la donation, ce qui est contraire à tous les principes. Enfin, ne peut-on pas tirer un argument d'analogie très-puissant de l'art. 1052 ? Des donataires, sous charge de restitution, acceptent une nouvelle libéralité, sous la condition que les biens précédemment donnés seront grevés de cette charge ; il ne leur est plus permis de diviser les deux dispositions faites à leur profit, et de renoncer à la seconde pour s'en tenir à la première, quand même ils offriraient de rendre les biens compris dans la seconde disposition.

De ce que le mode constitue une véritable obligation accessoire, il suit encore qu'on doit lui appliquer les règles du droit commun relatives aux obligations divisibles et indivisibles. Ainsi, le mode contenant une obligation susceptible de division, doit être exécuté entre le créancier et le débiteur, comme si l'obligation était indivisible. Mais la divisibilité reçoit son application à l'égard des héritiers (art. 1220). Sous ce rapport, il y a une grande différence entre lui et la condition.

L'inexécution du mode peut ne pas entraîner la révocation du contrat. S'il s'agit d'un mode dont l'exécution ne dépend que de l'acquéreur seul, son inexécution vaudra toujours, dans le silence de l'acte, comme condition résolutoire tacite. Si l'exécution du mode ne dépend pas seulement de celui à qui il est imposé, il faudra voir, d'après les circonstances, si le stipulant a entendu que l'acte devrait être révoqué pour inexécution du mode, quelles que fussent les causes de son inaccomplissement. Les tribunaux auront ici un pouvoir d'appréciation bien plus étendu que celui qui leur appartient en matière de conditions. Dans le doute, on devra se déterminer pour le maintien du contrat, malgré l'inaccomplissement du mode. En effet, celui qui se prévaut de cette inexécution est forcément demandeur en répétition s'il a payé, ou tout au moins en révocation de l'acte. Il doit donc établir que son action est fondée, en prouvant que le mode était la raison déterminante du transport de propriété.

La résolution résultant de l'inexécution du mode n'a pas lieu de plein droit. Il faut que l'aliénateur la demande, et la fasse prononcer en justice. L'acquéreur peut y échapper en exécutant son obligation pendant l'instance, et même les juges peuvent lui accorder un délai (art. 1244), à l'expiration duquel, s'il ne l'a pas exécutée, le contrat sera résolu de plein droit. Tant que la résolution n'est pas prononcée par la justice, elle ne peut être invoquée ni par les tiers, ni contre les tiers par l'aliénateur. Ainsi celui contre qui l'acquéreur revendiquerait la chose pendant l'instance, ne pourrait repousser son action en lui disant : vous avez cessé d'être propriétaire. L'aliénateur ne pourrait pas agir utilement en revendication contre un tiers possesseur de la chose. La résolution une fois prononcée par la justice, elle rétroagit au jour du contrat.

Le jugement qui prononcera la résolution du contrat pour inexécution des charges, devra être mentionné en marge de la transcription du contrat, conformément à l'article 4 de la loi du 23 mars 1855. Nous croyons que cela est applicable même aux donations. L'acte portant renonciation de la part de l'aliénateur à demander la résolution du contrat, n'est pas soumis à la transcription ; en effet, la résolution n'ayant pas lieu de plein droit, la renonciation à la résolution n'a rien de translatif. Mais l'acte par lequel l'aliénateur cède à un tiers le droit qu'il a de demander la résolution, est sujet à transcription, et c'est en marge de la transcription de cet acte de cession qu'il faudra mentionner le jugement qui interviendra ensuite.

B. Conditions dérivant de la loi. — A. Contrats synallagmatiques. — De la condition résolutoire résultant de l'adjonction d'un mode au transport de propriété, il n'y a qu'un pas à la condition résolutoire sous-entendue de l'art. 1184. D'un côté, le mode ajouté par les parties rend dans une certaine mesure le contrat synallagmatique, et d'un autre côté on peut considérer la prestation réciproque qui est de l'essence de certains contrats, comme un mode légal. L'art. 1184 est fondé sur ce principe que, dans tout contrat synallagmatique, l'obligation de chaque partie a pour cause l'obligation de l'autre. Il ne s'agit dans cet article que des contrats synallagmatiques parfaits, qui, dès l'origine, imposent aux parties des prestations réciproques. De ce que la résolution de l'art. 1184 est fondée sur l'absence de cause dans le transport de la propriété, il résulte que les événements fortuits, et les cas de force majeure n'empêchent pas la résolution d'être encourue pour inexécution du contrat, en exceptant, bien entendu, ceux qui produisent la libération du débiteur, qui ont pour effet d'éteindre ses obligations, en même temps qu'ils en ont rendu l'exécution impossible. Il suffit même d'un simple retard dans l'exécution des engagements. Mais alors, si les juges ne prononcent pas immédiatement la résolution, ils ne peuvent dispenser le débiteur d'accomplir ses engagements, en le condamnant à des dommages et intérêts pour en tenir lieu. Le contrat étant la loi des parties, doit être pleinement exécuté, puisqu'il peut encore l'être. Lorsque le débiteur n'a fait qu'user de son droit en n'exécutant pas, cette inexécution est légitime, et ne peut fonder une action en résolution. Tels sont les cas de nullité, de rescision du contrat, pour vices de consentement, de capacité, d'objet ou de cause, de la part du promettant contre lequel la résolution est demandée, pour inexécution prétendue de ses engagements. A cette demande en résolution, il n'a qu'à opposer, pour légitimer l'inexécution qui lui est reprochée, une exception de nullité. Si l'exception est reconnue fondée, l'action en résolution s'évanouit ; si elle est rejetée et que le contrat soit reconnu régulier et valable, la résolution peut alors en être prononcée, parce que le promettant a eu tort de ne pas exécuter ses engagements. Il est d'autres cas d'inexécution autorisée, dont nous trouvons le principe dans l'art. 1184 lui-même. En ouvrant l'action en résolution dans le cas ou l'une des parties ne satisfait pas à ses engagements, la loi reconnaît au demandeur le droit de ne pas exécuter lui-même ses obligations : c'est un principe de souveraine équité que l'un ne soit pas tenu de remplir ses engagements quand l'autre s'affranchit des siens. Ainsi le vendeur n'est pas tenu de délivrer la chose, si l'acheteur ne paye pas le prix, et si le vendeur ne lui a pas accordé de délai pour le payement. (Art. 1612). Il ne sera pas non plus obligé à la délivrance, quand même il aurait accordé un délai pour le payement, si, depuis la vente, l'acheteur est tombé en faillite ou en déconfiture, de sorte que le vendeur se trouve en danger imminent de perdre le prix, à moins que l'acheteur ne lui donne caution de payer au terme. (Art. 1613.)

Si donc, l'acquéreur demandait, dans ce cas, la résolution de la vente pour défaut de délivrance, il y serait mal fondé, et le vendeur lui opposerait d'une manière péremptoire soit le défaut de payement, soit son état de faillite ou de déconfiture. Si le vendeur, avant d'avoir fait délivrance, demandait lui-même la résolution pour défaut de payement, il y serait de même non recevable. Si l'acheteur est troublé, ou a juste sujet de craindre d'être troublé par une action, soit hypothécaire, soit en revendication, il peut suspendre le payement du prix jusqu'à ce que le vendeur ait fait cesser le trouble, si mieux n'aime celui-ci donner caution, ou à moins qu'il n'ait été stipulé que, nonobstant le trouble, l'acheteur payera. (Art. 1653.) Le vendeur ne peut donc, dans ce cas, poursuivre la résolution à défaut de payement, à moins qu'il ne fasse cesser le trouble ou ne donne caution. Il faut que les hypothèques proviennent du chef du vendeur : s'il n'existe d'hypothèques sur la chose que du chef des détenteurs intermédiaires, le vendeur primitif ne peut voir son droit paralysé par l'existence d'hypothèques qui lui sont étrangères, et par le fait de reventes qui, en diminuant ses sûretés, ne font que rendre la résolution plus urgente. Il n'y a pas lieu à résolution lorsque les obligations inexécutées de part et d'autre dérivent du même contrat. *Quid* si l'une des parties s'autorise, pour inexécuter ses engagements, de ce que l'autre n'exécute pas de son côté les engagements qui résultent pour elle d'une convention différente ? En principe, l'inexécution ne sera pas légitime. Mais si les deux conventions, deux ventes, par exemple, ont pour objet, dans l'intention commune des parties, de ménager une compensation entre les deux prix, ou de constituer un échange avec ou sans soulte, chacune des parties pourra fonder l'inexécution de ses engagements sur l'inexécution de ceux de l'autre. S'il est enfin une inexécution impuissante à fonder l'action en résolution, c'est évidemment celle qui résulte du propre fait du créancier, lorsqu'il a rendu impossible l'exécution des engagements de l'autre partie.

La résolution de l'art. 1184 n'a pas lieu de plein droit. Cela veut dire que l'aliénateur doit la demander et la faire prononcer en justice. Jusque là le contrat tient toujours, et, si l'acquéreur accomplit son obligation, la résolution ne peut avoir lieu. Les juges peuvent lui accorder un délai pour exécuter cette obligation, ou même refuser de prononcer la résolution. Cela veut dire encore que la partie qui a exécuté son obligation peut seule demander la résolution; la résolution est pour lui facultative : s'il y renonce, il n'intervient pas un nouveau contrat, une nouvelle translation de propriété. La résolution ne peut être invoquée ni par les tiers contre l'acquéreur, ni contre eux par l'aliénateur, tant que la résolution n'a pas été demandée en justice. Mais, une fois prononcée, elle a l'effet rétroactif de la condition résolutoire conventionnelle.

Notre action en résolution est mixte dans le sens du Code de procédure civile : d'une part, c'est une chose dont la restitution est demandée, et, de l'autre, pour l'obtenir, il faut faire juger contre le défendeur qu'il est tenu personnellement de la remettre. Comme personnelle, l'action en résolution pourra être intentée contre l'acquéreur, alors même qu'il a cessé de posséder la chose ; comme réelle, elle peut être intentée contre les tiers détenteurs. Contre ces derniers, elle doit être portée devant le tribunal de la situation des biens. Si elle est dirigée contre l'acquéreur, elle peut être intentée, au choix du demandeur, devant le tribunal, soit du défendeur, soit de la situation des biens (art. 59, C. pr. c.). L'action résolutoire de l'art. 1184 n'est soumise en principe, et sauf les exceptions que nous allons voir, à aucune condition de publicité.

Nous allons passer en revue les principales applications de l'art. 1184.

Résolution de la vente pour défaut de payement du prix (art. 1654, C. N.). — Ce principe s'applique aux ventes judiciaires. Faute par l'adjudicataire d'exécuter les clauses de l'adjudication, l'immeuble sera vendu à sa folle enchère (art. 733, C. pr. c.), et cette disposition n'est pas applicable seulement aux adjudications sur saisie immobilière, elle l'est encore aux adjudications sur surenchères après vente volontaire (art. 838, C. pr. c.), aux ventes de biens de mineurs (art. 964, C. pr. c.), aux ventes d'immeubles dépendant de successions bénéficiaires (art. 988, C. pr. c.). Il y a, en cas de folle enchère, une procédure particulière, mais nous croyons que les effets de l'adjudication sur folle enchère sont purement et simplement ceux de la condition résolutoire établie par l'art. 1184, C. N. Le fol enchérisseur ne peut réclamer l'excédant du prix, s'il y en a; cet excédant est payé aux créanciers, ou, s'ils sont désintéressés, à la partie saisie (art. 740, C. pr. c.). N'est-ce pas là la conséquence des principes ordinaires de toute résolution en vertu desquels la chose est censé n'avoir jamais appartenu à l'acquéreur contre lequel la résolution est obtenue? Il ne faut donc pas chercher à expliquer cette privation de l'excédant, par la considération d'une sorte de peine infligée au fol enchérisseur. Mais il n'y a pas lieu à résolution de la vente pour défaut de payement du prix, si ce prix consiste dans les arrérages d'une rente viagère. Le vendeur n'a que le droit de saisir et de faire vendre les biens de son débiteur, et de faire ordonner ou consentir, sur le produit de la vente, l'emploi d'une somme suffisante pour le service des arrérages (art. 1978, C. N.). Si le prix de vente consistait, partie en capital, partie en rente viagère, nous croyons, avec M. Larombière (1),

(1) T. 2, p. 319.

que le défaut de payement du capital suffirait pour fonder l'action en résolution. On ne peut, en effet, appliquer à cette portion du prix les principes relatifs à la stipulation d'une rente viagère. Mais si l'acheteur paye la portion de prix convenue en capital, alors, ne devant plus que la portion convenue en rente viagère, il profite des dispositions de l'art. 1978. Si, au lieu d'être abandonné moyennant une rente viagère, l'immeuble l'avait été moyennant une rente perpétuelle, l'action résolutoire serait autorisée. Il n'y aurait pas même besoin d'attendre deux ans ; car il s'agit, non du remboursement d'un capital, mais de la résolution d'un contrat. Si le prix avait été, après sa fixation, converti en rente perpétuelle, il y aurait lieu alors à l'application de l'art. 1912, C. N., pourvu qu'il y eût novation. Il s'agirait, dans ce cas, réellement du remboursement du capital, et non de la résolution de la vente. Mais la novation ne se présume point, et il faut que la volonté de l'opérer résulte clairement de l'acte (art. 1273, C. N.). Il ne suffirait donc pas de convertir simplement le prix resté dû en une rente perpétuelle, pour qu'il y eût novation. Il faudrait, dans le doute, n'y voir qu'un mode de payement substitué au premier, de telle sorte que le défaut de payement des arrérages de la rente, pour plus ou moins de deux ans, pourrait fonder la résolution du contrat, comme si, dès le principe, la rente avait été convenue (1). Les parties peuvent convenir que la vente, quelle qu'elle soit, ne sera pas résoluble pour défaut de payement du prix. En matière de cession d'office, si l'on admet qu'il y a là une vente, il est bien clair qu'après la nomination du cessionnaire par le gouvernement, il ne saurait y avoir résolution pour défaut de payement du prix. Mais avant la nomination, le cédant peut poursuivre le cessionnaire en résolution du traité, comme s'il s'agissait d'une vente ordinaire.

L'action en résolution du vendeur n'était, sous le Code Napoléon, soumise à aucune condition de publicité. Une première exception à ce principe fut introduite par la loi du 2 juin 1841, qui prononça la déchéance de l'action en résolution, si avant l'adjudication la demande n'a pas été notifiée au greffe du tribunal où se poursuit la vente. (Art. 717 C. pr. c.) Cela s'applique aux adjudications sur saisie immobilière (art. 692 et 717 C. pr. c.), aux adjudications sur surenchère du dixième, après aliénation volontaire (art. 2185, 2187 C. N., 838 C. pr. c.), aux adjudications sur délaissement (art. 2174 C. N.). Si la demande a été notifiée en temps utile, il sera sursis à l'adjudication, et le tribunal, sur la réclamation du poursuivant ou de tout autre créancier inscrit, fixera le délai dans lequel le vendeur sera tenu de mettre fin à l'instance en résolution. Le

(1) M. Larombière, t. 2, p. 320.

poursuivant pourra intervenir dans cette instance. Ce délai expiré sans que la demande en résolution ait été définitivement jugée, il sera passé outre à l'adjudication, à moins que, pour des causes graves et dûment justifiées, le tribunal n'ait accordé un nouveau délai pour le jugement de l'action en résolution. Si, faute par le vendeur de se conformer aux prescriptions du tribunal, l'adjudication avait eu lieu avant le jugement de la demande en résolution, l'adjudicataire ne pourrait pas être poursuivi à raison des droits des anciens vendeurs. Pour éviter toute surprise à l'égard du vendeur primitif non payé, l'art. 692 C. pr. c exige, à peine de nullité (art. 715 C. pr. c.), que la sommation de prendre communication du cahier des charges adressée aux créanciers inscrits, porte, si parmi ces créanciers se trouve le vendeur de l'immeuble saisi, que, à défaut de former sa demande en résolution, et de la notifier au greffe avant l'adjudication, il sera définitivement déchu, à l'égard de l'adjudicataire, du droit de la faire prononcer. Quant aux anciens vendeurs, leur action est ainsi définitivement éteinte, de telle sorte que, dans le cas où la première adjudication viendrait à tomber, par suite d'une folle enchère ou d'une surenchère, ils ne pourraient exercer l'action résolutoire, en notifiant leur demande avant la seconde adjudication. Mais nous croyons qu'ils le pourraient, si la première adjudication venait à tomber par suite de l'annulation du jugement qui l'a prononcée. Le décret du 28 février 1852, qui a organisé les Sociétés de Crédit foncier, a introduit une seconde exception au principe que l'action résolutoire ne se purge pas. Le propriétaire de l'immeuble auquel le Crédit foncier prête sur première hypothèque, devra signifier à son vendeur un extrait de l'acte constitutif d'hypothèque, et si le vendeur n'inscrit pas son action en résolution dans le délai de 40 jours, il en est déchu. Enfin, la loi du 23 mars 1855 est venue, dans son art. 7, rendre l'action en résolution du vendeur solidaire de son privilége. Désormais, cette action se conserve comme le privilége, ne dure pas plus que lui, et s'éteint avec lui, quelle que soit la cause de l'extinction. Mais la loi du 23 mars ne dispose que pour les tiers qui ont acquis et conservé régulièrements des droits sur l'immeuble, du chef de l'acquéreur. Quant à l'acquéreur lui-même, ses successeurs universels et ses créanciers simplement chirographaires, ils restent soumis à l'exercice de l'action résolutoire, conformément aux règles ordinaires. La loi du 23 mars ne s'applique ni aux ventes de meubles, ni aux adjudications et ventes qui ont lieu en justice, et qui sont soumises à l'exercice de la folle enchère contre l'adjudicataire qui ne paye pas son prix, et n'exécute pas les charges de son adjudication. La voie de la folle enchère reste toujours ouverte, nonobstant l'extinction du privilége de vendeur. Voilà pour la publicité de l'action en résolution. *Quid* du jugement qui prononcera cette résolution ? Il n'aura pas besoin d'être transcrit, mais seulement d'être mentionné en marge de la transcription de la vente.

Résolution de la vente pour inexécution des obligations du vendeur. — Si le vendeur manque à faire la délivrance dans le temps convenu entre les parties, l'acquéreur pourra, à son choix, demander la résolution de la vente ou sa mise en possession, si le retard ne vient que du fait du vendeur. (Art. 1610 C. N.) Si la vente d'un immeuble a été faite avec indication de la contenance, et si le vendeur délivre une contenance moindre, il pourra y avoir lieu à la résolution de la vente, si le défaut de contenance est d'une importance telle que les juges doivent croire que l'acheteur n'eût point acquis s'il l'avait connue. C'est, du moins, notre opinion. Dans le cas contraire, lorsque le vendeur a délivré une contenance plus grande que celle indiquée au contrat, il peut y avoir lieu à une résolution de la vente, sous les distinctions résultant des art. 1617-1620. Si l'acquéreur n'est évincé que d'une partie de la chose, et qu'elle soit de telle conséquence relativement au tout, qu'il n'eût point acheté sans cette partie, il peut faire résilier la vente. (Art. 1636.) Si l'héritage vendu se trouve grevé, sans qu'il ait été fait de déclaration, de servitudes non apparentes, et qu'elles soient de telle importance qu'il y ait lieu de présumer que l'acquéreur n'aurait pas acheté s'il en avait été instruit, il peut demander la résiliation du contrat, si mieux il n'aime se contenter d'une indemnité. (Art. 1638.) Dans le cas où la chose est atteinte de vices cachés, sans distinguer entre les meubles et les immeubles, l'acheteur a le choix de rendre la chose et de se faire restituer le prix, ou de garder la chose et de se faire rendre une partie du prix, telle qu'elle sera arbitrée par experts. (Art. 1644.) Ce choix n'a pas lieu dans les cas prévus par la loi du 20 mai 1838 : l'action rédhibitoire est alors seule ouverte à l'acheteur. (L. du 20 mai 1838, art. 2.)

Échange.—Les dispositions des art. 1704 et 1705 ne sont que des applications de la condition résolutoire de l'art. 1184. Le contrat d'échange transfère par lui-même à chaque copermutant la propriété de la chose appartenant à l'autre partie. (Art. 1703.) Mais si l'un des copermutants n'était pas propriétaire de la chose qu'il a livrée en échange, il n'a pas pu en transférer la propriété, et l'autre partie, dont l'obligation n'avait pour cause que ce transport de propriété, pourra demander la résolution du contrat. Si elle n'avait pas encore livré sa propre chose, elle opposera la résolution par voie d'exception à la revendication de l'autre partie, et lui rendra sa chose, si elle l'a reçue. (Art. 1704.) Si les deux choses ont déjà été livrées de part et d'autre, la résolution devra être demandée par voie d'action. La partie trompée aura le droit d'opter entre l'action en résolution, et l'action en garantie. (Art. 1705.)

Dans tous les cas qui précèdent, l'action en résolution n'est soumise pour sa conservation à aucune condition de publicité, sauf l'application du décret de 1852 sur les Sociétés de Crédit foncier. Mais le jugement qui prononcera la résolution devra toujours être mentionné en marge de la transcription du contrat, conformément à l'art. 4 de la loi du 23 mars 1855.

Les parties peuvent-elles remplacer la *conditio legis* de l'art. 1184 par une condition résolutoire conventionnelle? Et d'abord, si elles ont inséré dans leur contrat la clause suivante: il y aura résolution pour inexécution des engagements; il ne faut voir là qu'une redondance, qui ne peut en rien modifier les effets de l'art. 1184. Mais je suppose que les parties ont dit formellement ou par équivalent que la résolution aurait lieu de plein droit. Quel sera l'effet de cette clause? En droit Romain, le pacte commissoire avait tous les effets d'une condition résolutoire conventionnelle ordinaire. Au contraire, dans notre ancienne jurisprudence, le pacte commissoire le plus exprès était simplement comminatoire. « L'acheteur, dit Pothier(1), est admis jusqu'à la sentence à en empêcher l'effet, par des offres de payer le prix; c'est une pure grâce que notre jurisprudence accorde

(1) Vente, n° 461.

à l'acheteur. » Et Domat (1) : « Les clauses résolutoires, à défaut de payement au terme ou d'exécuter quelque autre convention, n'ont pas l'effet de résoudre d'abord la vente par le défaut d'y satisfaire ; mais on accorde un délai pour ce qui a été promis. » Nous croyons qu'aujourd'hui le pacte commissoire en principe n'est pas possible. Cela résulte pour nous des art. 1656, 1657 et 1590 C. Nap. Si la résolution de plein droit était un principe général, admis dans tous les contrats, on ne voit pas pourquoi la loi prendrait soin de dire expressément dans l'art. 1657 qu'en matière de vente de denrées et effets mobiliers, la résolution de la vente aurait lieu de plein droit et sans sommation au profit du vendeur, après l'expiration du terme convenu pour le retirement. On ne voit pas surtout pourquoi, en cas de vente d'immeubles, elle restreindrait l'effet du pacte commissoire à empêcher l'acheteur de payer pendant l'instance en résolution, et les juges de lui accorder un délai. (Art. 1656.) Au contraire, les art. 1657 et 1656 s'expliquent tout naturellement, si on les regarde comme des dispositions de faveur. Ces articles, venant après les art. 1654 et 1655 qui traitent de la résolution judiciaire, et accordant certains effets à la résolution conventionnelle, montrent bien qu'en principe cette résolution conventionnelle n'a aucun effet ; autrement il y aurait la-

(1) Lois civiles, liv. 1, tit. 2, sect. 12, n° 12.

cune dans les dispositions de la loi. L'art. 1590, en donnant aux partics la faculté de se désister de la vente(1), si elle a été faire avec des arrhes, montre bien qu'en principe cette faculté n'appartient pas aux parties. Autrement quel sens aurait cet article? Dira-t-on qu'il établit la présomption suivante : si les parties ont stipulé des arrhes, on devra considérer cette convention comme un pacte commissoire? Mais cette présomption ne saurait être posée d'une manière absolue. Les arrhes peuvent être, suivant les cas, soit un *argumentum venditionis contractæ,* soit un moyen de dédit. Il faudra toujours recourir aux circonstances pour voir quelle a été l'intention des parties. Les arrhes peuvent encore constituer dans notre droit un *argumentum vinditionis contractæ;* mais elles peuvent aussi, et c'est là la faveur accordée aux arrhes par l'art. 1590, constituer un moyen de dédit, si telle est l'intention des parties. Le Code parle toujours de résolution judiciaire; nulle part il n'y est question de résolution conventionnelle; ce silence est significatif, si on le rapproche des discussions de notre ancienne jurisprudence, et si on y joint le silence encore plus significatif de la loi du 23 mars 1855. Les parties, dans notre droit, ne peuvent anéantir leur contrat *mutuo*

(1) Qu'on n'essaye pas d'établir ici une différence entre la vente et la promesse de ventc. L'art. 1590 suit immédiatement l'art. 1589 qui dit : Promesse de vente vaut vente. La différence n'existe qu'au point de vue de la présomption.

dissensu, rebus integris, parce que les choses ne sont jamais entières. Dès l'instant du contrat, la chose est passée dans le patrimoine du créancier, et a été frappée par les hypothèques légales qui pesaient sur l'ensemble de ses biens. Il y aurait là une source de collisions qu'occasionnerait une résolution amiable, et que rend impossibles une résolution judiciaire, dont la publicité avertit les créanciers de l'acquéreur, et leur permet d'intervenir aux débats pour la sauvegarde de leurs droits. En fait, une résolution amiable sera bien rarement sérieuse. Quelques auteurs veulent distinguer le cas où les parties ont voulu faire une résolution sérieuse, et celui où leur convention n'est qu'une véritable rétrocession déguisée. Dans ce dernier cas, les intéressés pourraient protester. Cette distinction est presque impossible à faire dans la pratique, et ne pourrait résulter que d'un procès. Nous croyons donc qu'il faut dire que la convention par laquelle les parties conviendraient que leur contrat sera résolu de plein droit pour inexécution des engagements, sera inutile et ne pourra donner à la résolution d'autres caractères et d'autres effets que ceux attribués à la résolution judiciaire par l'art. 1184, sauf l'exception de l'art. 1656; et que la convention par laquelle les parties, pour toute autre cause, conviendraient de résoudre leur contrat et de remettre les choses au même état qu'auparavant, devra être considérée comme une véritable rétrocession, excepté dans le cas des art. 1657 et 1590. Il faudra donc la transcrire.

Nous allons continuer à passer en revue les résolutions légales écrites dans le Code Napoléon. On a divisé ces résolutions légales en résolutions *ex antiqua causa*, et en résolutions *ex causa nova et voluntaria*. Les premières ont un effet rétroactif; les secondes laissent subsister le contrat dans le passé, et n'opèrent que pour l'avenir. Généralement, les résolutions écrites dans le Code agissent rétroactivement, comme une condition résolutoire conventionnelle. On pourrait étudier de suite toutes les résolutions *ex antiqua causa et primæva*, puis toutes les résolutions *ex causa nova*, mais nous préférons examiner sous chaque contrat les résolutions qui lui sont propres, qu'elles opèrent *ex antiqua* ou *ex nova causa*. Nous ne parlons pas des retraits, qui ne constituent pas des résolutions, mais seulement un changement de nom dans un acte.

B. Donations. — 1° *Rapport en nature.* — Le successible donataire d'un immeuble en est propriétaire sous cette condition résolutoire : s'il devient héritier du donateur. Répudie-t-il sa succession, la condition résolutoire étant défaillie, son droit de propriété devient irrévocable (1). L'accepte-t-il, la condition résolutoire étant réalisée, il est réputé

(1) Art. 845, C. N.

n'avoir jamais été propriétaire. Les hypothèques et servitudes dont il a, *pendente conditione*, grevé l'immeuble, sont réputées constituées *a non domino*, et rétroactivement effacées. C'est ce qu'exprime la loi, en disant que l'immeuble rapporté rentre dans la succession franc et quitte de toutes charges créées par le donataire (art. 865). Il se peut que l'immeuble remis dans la masse partageable soit, par l'effet du partage, placé dans le lot qui a rapporté : les servitudes et hypothèques révoquées par l'effet du rapport, revivent-elles alors sur l'immeuble revenu au donataire ? Si l'on s'en tenait aux principes absolus, on devrait répondre négativement ; on dirait : le donataire a acquis un droit nouveau, qui a sa cause non plus dans la donation qui est réputée n'avoir jamais existé, mais dans sa qualité d'héritier. Mais la résolution opérée par le rapport n'est que relative ; elle n'a lieu que dans l'intérêt des cohéritiers. On ne comprendrait pas que la loi révoquât le droit dont le donataire est investi pour le lui rendre immédiatement, affranchi des hypothèques ou servitudes qu'il a librement consenties. Il faut donc dire que la condition résolutoire à laquelle est subordonné le droit de propriété du successible donataire, est exactement celle-ci : s'il devient héritier du donateur, et si le bien donné ne tombe pas dans son lot. La loi, quant à l'aliénation totale, ne suit plus ici les règles de la condition résolutoire : si le donataire, au lieu de constituer des servitudes ou des hypothèques sur l'immeuble, l'a aliéné intégralement, cette aliénation est maintenue (art. 859). La résolution de la propriété du donataire n'a pas lieu non plus si l'immeuble vient à périr avant l'ouverture de la succession. L'immeuble doit être rapporté dans l'état où il se trouve au jour où la condition se réalise; c'est-à-dire au jour de l'ouverture de la succession. La loi décide formellement que ce n'est qu'à partir de ce jour que le donataire doit les fruits de la chose sujette à rapport (art. 856).

2° *Réduction.* — Toute donation est tacitement faite sous cette condition qu'elle sera résolue, si, portant atteinte à la réserve, elle est attaquée après le décès du donateur par l'action en réduction. Cette résolution n'a donc pas lieu de plein droit; mais elle a un effet rétroactif. Ainsi l'immeuble que la réduction fait rentrer dans la succession y rentre franc et libre de toutes dettes ou hypothèques créées par le donataire (art. 929). Si le donataire a aliéné les biens sujets à réduction, en principe, l'aliénation n'est pas résolue. Elle ne l'est que si le donataire ne peut fournir ou parfaire la réserve avec ses biens personnels; et encore les tiers-acquéreurs auraient-ils le droit de conserver les biens aliénés par le donataire, en offrant d'en payer la valeur estimative (art. 930). La servitude réelle consentie par le donataire, devra-t-elle être régie par l'art. 929 ou par l'art. 930? Nous croyons qu'elle le sera par l'art. 929.

L'art. 930 déroge aux règles ordinaires des conditions résolutoires; il établit une disposition de faveur au profit des tiers-détenteurs des immeubles aliénés. Ces termes : tiers-détenteurs des immeubles aliénés ne peuvent s'appliquer à des acquéreurs de servitudes; d'un autre côté, le mot dettes, contenu dans l'art. 929, ne peut désigner que des dettes réelles et des dettes réelles autres que des hypothèques. Il comprend donc nécessairement les servitudes. Le donataire restituera les fruits de ce qui excèdera la portion disponible à compter du jour du décès du donateur, si la demande en réduction a été faite dans l'année; sinon, du jour de la demande (art. 928). Les fruits ne peuvent être dus par les tiers-acquéreurs en tous cas que du jour de la demande. L'action en réduction peut être paralysée par l'exception de l'art. 2279, s'il s'agit d'un meuble détenu par un tiers-possesseur de bonne foi. S'il s'agit d'un immeuble, elle sera paralysée par la prescription acquisitive accomplie au profit du tiers-acquéreur par dix à vingt ans ou par trente ans, suivant les cas, à partir du jour de l'ouverture de la succession.

Le jugement qui interviendra sur la demande en réduction, et qui prononcera la résolution de la donation, devra être inscrit en marge de la transcription de la donation, si l'immeuble est resté entre les mains du donataire, en marge de la transcription de l'aliénation, s'il a été aliéné.

3° *Ingratitude du donataire.* — Cette condition résolutoire n'opère pas de plein droit : la donation n'est révoquée que quand sa révocation a été, sur la demande du donateur, prononcée en justice. (Art. 956.) La révocation n'a lieu que pour l'avenir ; elle ne rétroagit pas. Les tiers qui ont traité avec le donataire conserveront tous les droits qu'ils ont acquis de son chef sur la chose donnée. Le donateur n'aura qu'un recours contre le donataire, jusqu'à concurrence de la valeur des objets aliénés, eu égard au temps de la demande, ou de la diminution de valeur résultant des servitudes, hypothèques, dont les biens sont grevés. Le donataire ne doit les fruits qu'à compter de la demande en révocation. (Art. 958.) L'action en révocation pour cause d'ingratitude se prescrit par un an à partir du jour où le donateur a connu ou pu connaître l'ingratitude. Lors même qu'il serait encore dans le délai d'un an, le donateur ne pourrait intenter l'action contre les héritiers du donataire, si celui-ci est venu à mourir. Mais s'il avait déjà formé sa demande contre le donataire, pourrait-il la continuer contre ses héritiers ? Nous croyons qu'il ne le pourrait pas : la loi, en apportant une exception à l'intransmissibilité de l'action pour le cas où c'est le donateur qui est mort, et cette exception concernant précisément la continuation de l'instance, il est évident que dans la règle les mots : la révocation ne peut être demandée, concernent aussi bien la continuation de l'instance que son ouverture. L'action en révocation pour cause d'ingratitude est transmissible activement ; mais les héritiers du donateur n'ont pas plus de droits que le donateur lui-même : ils n'ont pas un nouveau délai d'un an à partir de la mort du donateur, mais seulement le temps qui restait encore à courir au jour du décès du donateur du délai à lui appartenant. (Art. 957.)

Il faut dire que la loi du 23 mars 1855 n'a pas abrogé cette partie de l'art. 958 qui veut qu'il soit fait inscription de l'extrait de la demande en révocation en marge de la transcription de la donation. En conséquence, tous les droits que les tiers ont acquis du chef du donataire sur la chose donnée depuis la donation, mais avant le délit, depuis le délit, mais avant la demande en révocation, et même depuis cette demande jusqu'au moment où elle a été rendue publique, sont maintenus. Sont nuls, au contraire, tous ceux qui ont été consentis postérieurement à l'inscription de la demande sur les registres du conservateur. S'il s'agit de meubles, le moment à partir duquel le donataire n'aura plus le droit de disposer irrévocablement des choses données, sera, selon les principes de notre ancienne jurisprudence, celui où la demande en révocation est formée. Ainsi, quand le donataire a, depuis la demande, vendu, mais non livré les meubles compris dans la donation, le donateur les peut revendiquer. Que si la vente a été suivie de tradition, l'acheteur, s'il est de bonne foi, est alors sauvegardé par la maxime : *en fait de meubles, possession vaut titre*. Lorsque la donation a pour objet une créance que le donateur avait sur un tiers, nous croyons que le donateur devra rendre publique la demande en révocation en recourant à un des moyens indiqués par l'art. 1690. Si l'art. 958 est encore en vigueur, faudra-t-il en outre appliquer au jugement prononçant la révocation pour cause d'ingratitude, l'art. 4 de la loi du 23 mars 1855 ? Nous le croyons ; ce surcroît de précautions peut ne pas être inutile, et les termes de la loi nous permettent de l'appliquer à la révocation pour cause d'ingratitude. On pourrait même peut-être aller plus loin, et soutenir que le jugement doit être transcrit, comme translatif de propriété.

4° *Survenance d'enfants.* — Toute donation faite par une personne n'ayant alors aucun enfant vivant est censée faite sous cette condition résolutoire : s'il survient un enfant au donateur. La révocation a lieu de plein droit (art. 960), que le donateur le veuille ou ne le veuille pas ; s'il persévère dans sa première volonté, s'il veut donner au même donataire les biens que la révocation lui a enlevés, il ne peut le faire que par une nouvelle donation. (Art. 964.) La révocation peut être invoquée par toute personne intéressée. Elle a un effet rétroactif : tous les droits réels consentis par le donataire sont anéantis. Les biens ne demeurent même pas, comme au cas de retour conventionnel (art. 952), affectés à l'hypothèque que la loi accorde à la femme du donataire pour la restitution de sa dot; et cela, lors même que la donation a été faite en faveur du mariage du donataire et insérée dans le contrat, et que le donateur s'est obligé come caution, par la donation à la restitution de la dot. (Art. 963.) Le donataire ne doit les fruits qu'à partir de la notification de la survenance d'enfant que lui aura faite le donateur. (Art. 962.) L'art. 966 introduit en notre matière une prescription particulière et fort bizarre; cette prescription est bizarre, car, bien que la révocation pour survenance d'enfant opère de plein droit, la prescription a ici pour effet, non de créer un nouveau titre de propriété, mais de confirmer la donation. Ce serait donc une prescription libératoire; et pourtant la loi exige que le donataire ait possédé pendant 30 ans les biens donnés; ces 30 ans ne courent que du jour de la naissance du dernier enfant du donateur, même posthume! Enfin ce système est déclaré applicable aux ayants-cause du donataire, et même, quoique cela ait été contesté, aux tiers détenteurs! De sorte que le caractère de chose comprise dans une donation révoquée pour survenance d'enfants, comme à Rome le caractère de *res furtiva*, va soustraire les tiers à l'empire du droit commun, et leur rendre impossible toute prescription autre que celle de l'art. 966!

Si la révocation pour survenance d'enfant donne lieu à contestation, nous pensons que le jugement qui la déclarera devra être inscrit en marge de la transcription de la donation.

5° *Cause de révocation particulière aux donations entre époux.* — Aux termes de l'art. 299 C. Nap., l'époux contre lequel le divorce avait été admis, perdait tous les avantages que l'autre époux lui avait faits, soit par leur contrat de mariage, soit depuis le mariage contracté. La jurisprudence, avec raison, selon nous, applique cette disposition à la séparation de corps. En conséquence, les donations faites à l'époux coupable seront révoquées de plein droit par le jugement qui prononcera la séparation de corps. Seulement quel sera l'effet de cette révocation à l'égard des tiers? Un arrêt de la Cour de cassation du 30 août 1865 a dit que la révocation de l'art. 299 ne serait pas opposable aux tiers. La cessation de la séparation de corps ne ferait pas revivre les avantages dont l'époux coupable a été privé.

Le jugement prononçant la séparation de corps devra être inscrit en marge de la transcription du contrat de mariage ou des donations.

6° *Cause de révocation particulière aux donations entre époux pendant le mariage.* — Toute donation faite par un époux à son conjoint pendant le mariage est faite sous la condition résolutoire de révocation de la part du donateur. C'est du moins ce que nous concluons du texte de l'art. 1096. Pour nous les donations dont parle cet article sont de véritables donations entre vifs ordinaires, faites sous une condition résolutoire, comme peuvent l'être toutes les donations entre vifs; seulement la condition résolutoire est ici potestative de la part du donateur. Non pas purement potestative; la loi dispense seulement le donateur, dans l'intérêt de l'ordre public et du repos des familles, d'avoir à produire devant un tribunal les véritables causes de révocation de la donation (ingratitude, excès, sévices, injures graves, de nature à faire prononcer la séparation de corps). Mais la condition fût-elle purement potestative, nous ne voyons pas comment elle ferait obstacle à la perfection immédiate de la donation, et ferait nécessairement des donations entre époux pendant le mariage, qualifiées entre vifs, des donations à cause de mort, ou quelque chose de *sui generis*. Nous croyons donc qu'une telle donation dessaisit immédiatement le donateur, même quant à la jouissance, à moins qu'il n'ait fait une réserve à cet égard. Les biens cessent d'être le gage des créanciers du donateur, et par exemple les immeubles compris dans la donation ne sont pas affectés des hypothèques légales ou judiciaires qui n'auront frappé les biens du donateur que depuis la transcription de la donation. Une seconde conséquence de notre système sera que la donation ne devient pas caduque par le prédécès du donataire; mais l'époux donateur conserve pleine et entière, à l'encontre des héritiers du donataire, sa faculté de révocation. Objecterait-on l'art. 957, et voudrait-on en tirer un argument d'analogie? mais la révocation a été introduite ici bien moins en haine de l'époux donataire que dans une idée de protection pour l'époux donateur, et d'ailleurs l'art. 1096 déclare que nos donations seront toujours révocables. L'époux donateur pourrait stipuler le droit de retour en cas de prédécès de son conjoint; la loi n'exige pas de formule sacramentelle; ce droit de retour pourra s'induire de diverses clauses; mais nous croyons avec M. Demolombe que la déclaration de l'époux donateur portant qu'il fait une donation à cause de mort, ne le supposerait pas nécessairement.

Le droit de révocation accordé à l'époux donateur par l'art. 1096 ne peut être exercé que par lui seul. Les créanciers ne pourraient pas l'exercer pour lui en vertu de l'art. 1166. S'il vient à décéder, nous croyons que ses héritiers ne pourront faire révoquer la donation que pour ingratitude, ou toute autre cause déterminée, mais qu'ils ne pourront user du droit de révocation indéfini de l'art. 1096. La révocation peut être expresse ou tacite. Si elle est expresse, on décide généralement aujourd'hui qu'elle ne peut se faire que suivant une des formes énoncées par l'art. 1035. Si c'est un acte notarié, cet acte est régi par l'art. 2 de la loi du 21 juin 1843 : il devra être reçu conjointement par deux notaires, ou par un notaire en présence de deux témoins. Puisqu'on applique par analogie l'art. 1035 à la révocation expresse des donations entre époux pendant le mariage, il est naturel d'appliquer à la révocation tacite de ces donations les art. 1036 et suiv. Ainsi l'aliénation de la chose donnée ou l'hypothèque (art. 1038) emporteront révocation tacite de la donation, pour tout ou partie. Si le donateur est la femme, elle pourra toujours révoquer sans y être autorisée par son mari ni par justice (art. 1096, 2e alin.). Quel est l'effet de la révocation? Le donataire est de plein droit considéré comme n'ayant jamais été propriétaire; les droits consentis de son chef sur la chose donnée sont anéantis. Il doit les fruits à partir du moment où la révocation a eu lieu. Au contraire, si le donateur meurt sans avoir révoqué, la donation, les droits consentis par le donataire demeurent irrévocables. Mais les droits consentis par le donateur subsistent, parce qu'ils constituent une révocation partielle de la donation.

Lorsque les donations de l'art. 1096 comprennent des effets mobiliers, sont-elles soumises à la formalité de l'état estimatif. (Art. 948.) On ne voit pas pourquoi on les en dispenserait : cette formalité a pour but il est vrai d'assurer l'irrévocabilité des donations, ce qui est tout à fait inutile quand il s'agit d'une donation essentiellement révocable. Mais elle peut encore être utile à d'autres points de vue, notamment en matière de rapport, de réduction. Il faut de même exiger la transcription, si la donation comprend des immeubles. Il est vrai que la transcription ne sera pas opposable aux tiers à qui le donateur consentirait des droits postérieurement à la donation; mais elle sera encore utile à quatre points de vue : 1° La transcription sera opposable aux créanciers chirographaires du donateur, qui, postérieurement à la transcription, voudraient saisir le bien donné. On ne peut pas dire que le donateur, en contractant des dettes, entend révoquer tacitement la donation. Mais cela suppose résolue par l'affirmative la question de savoir si les créanciers chirographaires du donateur peuvent opposer le défaut de transcription de la donation; 2° puisqu'il y a transport actuel de propriété, la transcription est utile pour purger les hypothèques et priviléges non inscrits; 3° dans l'opinion de ceux qui pensent que les héritiers du donateur peuvent opposer le défaut de transcription de la donation, la donation sera utile pour écarter les réclamations de ces héritiers; 4° la transcription sera utile pour empêcher les hypothèques légales ou judiciaires qui frapperont les biens du donateur d'atteindre l'immeuble donné; et encore pour empêcher les héritiers du donateur d'aliéner les biens donnés et de les grever d'hypothèques, si l'on admet que ces héritiers peuvent opposer le défaut de transcription de la donation.

7° *Causes de révocation particulières aux donations faites à charge de substitution.* — Le grevé est propriétaire des biens substitués sous la condition résolutoire : si les appelés recueillent la substitution. Aussi doit-il donner à la donation la publicité prescrite par l'art. 1069. Cette publicité peut consister, suivant les cas, dans la transcription de l'acte portant donation et substitution, si c'est une créance privilégiée ou hypothécaire, ou bien une rente privilégiée sur des immeubles, dans la mention en marge de l'inscription de l'hypothèque ou du privilége de la cession faite au grevé et de la clause de substitution ; enfin, dans l'hypothèse de l'art. 1052, la publicité peut consister en deux transcriptions, et en une mention en marge de la première transcription. Cette publicité n'a pas seulement pour but d'opérer la translation de propriété au regard de tous, mais aussi de faire connaître aux personnes intéressées que le donataire n'est que propriétaire conditionnel. C'était sous le Code le seul cas où les tiers étaient mis en garde contre la rétroactivité d'une condition résolutoire. Nous croyons cependant qu'il faut appliquer l'art. 1069 aux substitutions fidéicommissaires ; exemple : Je donne un immeuble à une personne pour en jouir pendant dix ans, et puis elle le donnera à une autre. Nous allons passer en revue une série d'événements, nous demandant s'ils font arriver ou défaillir la condition résolutoire qui affecte la propriété du grevé, et examinant leurs effets, surtout au point de vue de la publicité. I. *Quid* de l'abandon anticipé du grevé ? Si celui-ci refuse d'accepter, avant toute jouissance, ce qui, du reste, est une hypothèse chimérique, il n'y a pas de donation. S'il renonce à la donation après acceptation, c'est pour les appelés un cas d'ouverture provisoire de la substitution ; ce sont eux qui deviennent propriétaires sous condition résolutoire. Les appelés, et du reste, croyons-nous, le grevé lui-même, devront faire transcrire la donation, si elle ne l'a pas encore été ; il faudra aussi faire transcrire la renonciation du grevé, aux termes du 2° de l'art. 1er de la loi du 23 mars : ce n'est pas ici un simple refus d'acquérir ; c'est une véritable transmission. II. Renonciation des appelés. Les appelés, eux aussi, peuvent renoncer à la donation, soit que la substitution soit ouverte, soit qu'elle ne le soit pas. Ce n'est pas renoncer à rien, c'est renoncer à un droit conditionnel. Faut-il encore appliquer sous le Code la disposition de l'art. 28 de l'Ord. de 1747, qui exigeait un acte notarié pour la renonciation, quand elle était faite avant l'ouverture de la substitution ? Toullier le pense : c'est une donation entre vifs faites par les appelés au grevé. Quoi qu'il en soit, il faudrait faire transcrire cette renonciation, et, en outre, on ferait bien de la mentionner en marge de la transcription de la donation. Plaçons-nous maintenant après l'ouverture de la substitution. Les appelés renoncent avant toute acceptation expresse ou tacite de leur part. C'est là un fait purement extinctif du droit des appelés ; il n'y a pas lieu à transcription. Mais s'ils renoncent après acceptation, c'est alors une donation translative. Si les appelés renoncent, et que le grevé ait aussi renoncé, l'acte tombe tout entier. La renonciation des appelés, avant toute acceptation de leur part, profite au grevé, et affranchit sa propriété de la condition résolutoire qui l'affectait, lorsque le disposant a fixé pour époque de l'ouverture de la substitution, non pas la mort du grevé, mais un terme ou l'événement d'une condition. Dans le cas contraire, la renonciation des appelés profite aux appelés eux-mêmes, s'ils acceptent la succession de leur père ; s'ils y renoncent, aux héritiers qui succèdent à leur défaut. Quoique ce ne soit pas alors le grevé qui personnellement profite de la renonciation, néanmoins tous les droits consentis par lui sur les biens grevés de substitution sont maintenus. III. Déchéance du grevé. 1re hypothèse. La déchéance est prononcée pour défaut de nomination du tuteur (art. 1057). Ce n'est pas une résolution *ex antiqua*, mais seulement *ex nova causa*. Dans les principes du Code, la transcription du jugement de déchéance n'aurait pas été nécessaire ; on aurait seulement pu conseiller aux appelés de le faire mentionner en marge de la transcription de la donation. Aujourd'hui, d'après la loi du 23 mars, nous croyons qu'il faut faire transcrire le jugement, parce qu'il est vraiment translatif de propriété. 2e hypothèse. La déchéance est prononcée pour abus de jouissance, en supposant que l'art. 618, né d'une erreur de droit, doive être appliqué au grevé, qui n'ést pas un usufruitier, car, ou bien il a eu le titre de propriétaire, ou bien il n'a eu d'autre titre que celui de possesseur de fait. Le jugement qui ferait déchoir le grevé de sa jouissance le laisserait propriétaire conditionnel : en effet, si plus tard, au moment de l'ouverture de la substitution, les appelés n'existent plus ou bien renoncent, le grevé aura toujours été propriétaire, et comme tel, il aura eu le droit d'abuser de la jouissance. Ce sont les appelés qui deviennent les grevés. Le jugement qui prononce la déchéance doit donc être transcrit. Dans nos deux hypothèses, si les appelés renoncent à l'ouverture de jouissance anticipée, nous croyons qu'on peut soutenir que c'est le grevé qui profitera de cette renonciation; d'autant plus que les biens ne lui adviendront pas d'une manière incommutable, mais grevés au profit des appelés qui pourront survenir. Si la renonciation ne profite pas au grevé, à qui profitera-t-elle ? aux héritiers *ab intestat* du donateur ou au donateur lui-même ? Mais ces personnes ne pourraient invoquer la déchéance du grevé qu'en contrevenant aux principes sur la chose jugée. Est-ce que, vis-à-vis d'elles, le grevé pouvait abuser ?

Supposons que la condition résolutoire qui affectait la propriété du grevé est défaillie : que se passe-t-il ? Il demeure propriétaire irrévocable des choses données ; tous les droits réels qu'il a consentis sur ces choses sont maintenus. Mais, par suite de la défaillance de la condition résolutoire, il peut se voir opposer le défaut de transcription de la donation par des personnes qui n'auraient pas pu l'opposer aux appelés. Des auteurs ont voulu qu'un donataire, un légataire du donateur, pût opposer dans tous les cas au grevé le défaut de transcription de la donation. Ils ont tiré un argument *a contrario* de l'art. 1072, qui dit : ..... ne pourront opposer aux appelés.... Vis-à-vis du grevé, il n'est plus question de la faveur spéciale faite aux appelés. Il y a un donataire vis-à-vis d'un donataire. Mais opposer le défaut de transcription au grevé, c'est l'opposer aux appelés. Autrement ce serait le donataire, un étranger, qui deviendrait grevé. Il lui faudrait publier la substitution ; mais il ne le peut pas, car il ne dispose que de deux titres, celui du grevé et le sien propre ; la transcription de ces titres n'apprendrait rien aux tiers. Il faudrait donc qu'il fabriquât un titre, ce qu'il ne peut pas faire, puisque le titre à transcrire doit émaner du donateur. Nous n'admettons pas cette scission ; mais nous permettrons à ces personnes d'opposer au grevé le défaut de transcription quand ils pourront le faire sans nuire aux appelés, c'est-à-dire quand il n'y aura pas d'appelés. Ces personnes seront : 1° les donataires et légataires du donateur, mais non pas ses héritiers ; 2° les donataires, légataires, héritiers, des donataires, légataires, héritiers du donateur ; 3° le tuteur à la substitution et ses héritiers ou successeurs universels ; 4° les acquéreurs à titre gratuit de ce tuteur. Et maintenant, si la condition se réalise, le grevé perd, tandis que l'appelé acquiert rétroactivement la propriété des biens compris dans la donation. Le grevé est réputé n'avoir jamais été propriétaire. Ce n'est pas de lui que l'appelé tient les biens qu'il acquiert : il les tient du disposant lui-même. De là il suit : 1° que l'appelé peut renoncer à la succession du grevé, et s'en tenir aux biens substitués ; 2° qu'il les reçoit francs et quittes de toutes charges ou hypothèques acquises sur eux du chef du grevé, ou plus généralement que les actes du grevé ne sont pas opposables à l'appelé. Toutefois, cette règle souffre plusieurs tempéraments : I. Les appelés qui acceptent purement et simplement la succession du grevé ne peuvent point critiquer les aliénations qu'il a faites, évincer les tiers des droits qu'ils ont acquis en traitant avec lui. Devenus, en leur qualité d'héritiers purs et simples, représentants du grevé, ils doivent, en cette qualité, garantir les tiers qui ont traité avec lui ; or, *quem de evictione tenet actio, eumdem agentem repellit exceptio*. II. Dans tous les cas, la femme du grevé conserve l'hypothèque qu'elle avait acquise, pour la garantie de sa dot, sur les biens constitués, si le disposant l'a expressément ordonné, et cela dans les limites fixées par l'art. 1054.

III. L'appelé ne peut point revendiquer les meubles vendus ou donnés par le grevé, et possédés par des tiers de bonne foi (art. 2279). Si la donation grevée de substitution n'a pas été transcrite, les appelés pourront se voir opposer le défaut de transcription 1° Par les créanciers privilégiés et hypothécaires et par les tiers-acquéreurs à titre onéreux du grevé; ceux-ci devront, depuis la loi du 23 mars, avoir rendu leurs droits publics par la transcription. Si ces personnes deviennent héritières du grevé, elles ne pourront plus opposer le défaut de transcription. 2° Par les créanciers chirographaires du grevé; c'est du moins notre opinion. 3° Par les acquéreurs à titre onéreux des héritiers du grevé qui ne seraient point en même temps appelés (art. 1070). Si la chose donnée à charge de restitution est une créance, les cessionnaires à titre onéreux du grevé, pourront opposer aux appelés le défaut de publicité. IV. Si l'échéance de cette créance arrive pendant la jouissance du grevé, le débiteur payera valablement entre ses mains, pourvu que le tuteur à la substitution assiste au payement. De même, s'il n'y avait pas eu publicité, il payerait valablement le cessionnaire à titre onéreux du grevé, mais non pas, croyons-nous, son cessionnaire à titre gratuit. Si l'échéance a lieu après l'ouverture de la substitution, les débiteurs doivent payer entre les mains des appelés; ils ne peuvent payer entre celles du grevé, s'il vit encore, ni entre celles de ses héritiers, ou celles de ses cessionnaires. Mais s'il n'y a pas eu publicité ? On pourrait soutenir qu'ils ont payé entre les mains de possesseurs de la créance, et qu'ils ont payé valablement (art. 1241). Ou bien ils diront : la substitution nous nuit, car, s'il y avait eu publicité, nous aurions payé aux appelés. Cependant, l'art. 1070 ne mentionne pas les débiteurs ; mais il n'a pas prévu le cas où il s'agissait de la publicité par inscription. C'est l'esprit de la loi qui veut que l'on décide ainsi. Du reste, cette hypothèse ne se présentera guère. V. L'appelé doit respecter les baux que le grevé a faits sans fraude (arg. d'anal. tiré de l'art. 1673). VI. Les appelés doivent respecter tous les actes que le grevé a faits avec l'autorisation de justice, dans la forme prescrite par le tribunal, et avec le concours de leur représentant, c'est-à-dire du tuteur nommé pour surveiller l'exécution de la substitution. VII. Le grevé étant, avant l'ouverture de la substitution, seul et véritable propriétaire, c'est à lui qu'appartient l'exercice des actions actives, et c'est contre lui que s'exercent les actions passives qui sont relatives aux biens compris dans la substitution. Les jugements rendus en sa faveur profitent également aux appelés, car le grevé a qualité pour améliorer ou conserver les biens qu'il est chargé de rendre. Les jugements qui ont été rendus contre lui sont-ils opposables aux appelés ? Oui, si le tuteur à la substitution a été appelé en cause ; non, dans le cas contraire. Les tiers qui plaident avec un grevé doivent donc, s'ils sont prudents, mettre en cause le représentant des appelés. VIII. La prescription acquise contre le grevé est opposable aux appelés, même s'ils sont mineurs. Nous tirons un argument d'analogie de ce que l'art. 1070 établit pour la transcription. Les appelés, majeurs, mineurs, nés ou à naître, ont, pendant la jouissance du grevé, un représentant de leur droit, qui peut faire tous actes conservatoires, et notamment interrompre la prescription. Si l'on a prescrit contre eux, ils n'ont qu'un recours à exercer contre le tuteur.

8° *Donations dans lesquelles le donateur se réserve la faculté de disposer d'un effet compris dans la donation, ou d'une somme fixe sur les biens donnés.* — Une telle donation est ordinairement nulle (art. 946). Par exception, elle est valable quand elle est faite par contrat de mariage, même quant aux objets ou à la somme dont le donateur pouvait disposer (art. 947 et 1086). La réserve du donateur peut agir, soit comme condition suspensive, soit comme condition résolutoire. Dans le premier cas, nous n'avons pas à nous en occcuper, car la disposition est alors, à tous égards, une donation de biens à venir; la propriété de l'effet n'est transférée au donataire qu'à la mort du donateur, si celui-ci n'en a pas disposé. Le donataire a bien, dès à présent, un certain droit, mais ce n'est pas un droit de propriété. Si la réserve agit comme condition résolutoire, la disposition est encore une donation des biens à venir, en ce sens qu'elle est censée faite au profit des enfants à naître du mariage (art. 1082), et qu'elle est caduque si le donateur survit au donataire et à sa postérité (art. 1089). Ce dernier point a été contesté ; nous le verrons tout-à-l'heure. Mais le donataire acquiert, dès à présent, par l'effet de la donation, un droit de propriété sur l'effet réservé, sous la condition résolutoire : si le donateur en dispose. S'il meurt sans en avoir disposé, l'art. 1086 nous dit que l'effet ou la somme appartiendront au donataire ou à ses héritiers. C'est donc que cette donation n'est pas caduque par le prédécès du donataire, puisque ses héritiers profiteront de la défaillance de la condition résolutoire ? C'est là la reproduction de l'art. 18 de l'Ord. de 1731, qui, en effet, n'admettait pas la caducité dans ce cas. Des auteurs ont voulu distinguer suivant que la réserve agit comme condition suspensive ou comme condition résolutoire ; dans le premier cas seul la donation serait caduque. Cette opinion, aussi bien que la première, est contraire à l'art. 1089, qui domine la matière, et vise spécialement l'art. 1086. Nous croyons donc que, par ces expressions : « le donataire ou ses héritiers, » le législateur a voulu dire : « le donataire ou ses descendants. »

Les jugements qui prononceront la résolution d'une donation pour une des causes quelconques énumérées ci-dessus, devront être mentionnés en marge de la transcription de la donation. Le décret du 28 février 1852 sur le crédit foncier s'applique à toutes les actions en résolution, et non pas seulement à celles qui dérivent du principe de l'art. 1184.

Après les résolutions, nous devons nous occuper des rescisions qui forment aussi condition résolutoire puisque la partie du côté de laquelle existe le vice peut ne pas se prévaloir de la nullité : la nullité est donc un événement futur et incertain. Nous nous demanderons successivement dans quel cas il y a lieu à rescision, et ce qui se passe si la rescision s'accomplit, ou si elle vient à défaillir.

Une translation de propriété est annulable lorsqu'il y a eu erreur sur la substance de l'objet (art. 1109 et 1110), lorsque le consentement a été extorqué par violence ou par dol (art. 1109 et 1117). La lésion ne vicie le consentement que dans certains contrats ou à l'égard de certaines personnes (Art. 1118). Ces contrats sont seulement au nombre de deux, la vente d'un immeuble pour lésion de plus des 7/12 (art. 1674), et le partage pour lésion de plus du quart (art. 887). Le premier cas doit seul nous occuper, car le partage n'est pas translatif de propriété, et, le serait-il, il s'y agirait du transport de la propriété à titre universel. Pour savoir s'il y a lésion de plus des 7/12, il faut estimer l'immeuble suivant son état et sa valeur au moment de la vente (art. 1675). La rescision pour lésion n'a pas lieu en faveur de l'acheteur (art. 1683). Elle n'a pas lieu en toutes ventes qui, d'après la loi, ne peuvent être faites que d'autorité de justice (art. 1684). Les personnes dont parle l'art. 1318 sont les mineurs : quant à eux tous les contrats sont rescindables pour cause de lésion, si faible que soit le préjudice éprouvé (art. 1305). Enfin, les contrats sont annulables pour incapacité des parties contractantes. Les incapables de contracter sont : les mineurs, les interdits et les femmes mariées, dans les cas exprimés par la loi (art. 1124).

Le contrat annulable ou rescindable n'a pas seulement, comme le contrat nul, l'apparence d'un contrat; il en a la réalité. C'est un contrat vicieux, imparfait sans doute, mais enfin il existe, et la loi le reconnaît. Elle lui attribue provisoirement la même force et les mêmes effets qu'à un contrat valable et régulier, mais en réservant, pour l'une des parties, la faculté de l'attaquer et d'en faire prononcer la nullité en justice, ou si elle le préfère, de le ratifier (1). Le contrat annulable est donc valable sous condition résolutoire, et, par conséquent, nul sous condition suspensive. L'acquéreur comme l'aliénateur peuvent, chacun de leur côté, conférer sur la chose des droits soumis ici à une condition suspensive, là à une condition résolutoire. L'aliénateur, en cédant son action en résolution, céderait un droit de propriété sous condition suspensive;

(1) Mourlon, répét. écrites, t. III, p. 765.

donc, s'il s'agit d'un immeuble, l'acte de cession sera sujet à transcription.

La condition résolutoire affectant le droit de propriété de l'aliénateur, s'accomplit par le jugement qui prononce la rescision du contrat. La rescision ainsi prononcée est pure et simple, elle a lieu de plein droit, sauf le cas de rescision de la vente d'un immeuble pour lésion de plus des 7/12 : elle est alors conditionnelle : l'objet direct du jugement est toujours la restitution de l'immeuble, mais le payement du supplément du juste prix sous la déduction d'un dixième du prix total est *in facultate solutionis* (art. 1681). Par l'effet de la rescision prononcée, les choses sont remises dans le même état que si le contrat n'avait jamais existé : l'acquéreur n'a jamais été propriétaire, les droits consentis par lui sur la chose sont anéantis ; à l'inverse, ceux consentis par le demandeur en nullité prennent une existence rétroactive. Le jugement qui prononcera la rescision devra être mentionné en marge de la transcription du contrat. Nous venons de trancher la question de savoir si toutes les actions en nullité ou en rescision ont un caractère réel. Cela n'est point douteux pour l'action en rescision de la vente d'un immeuble en cas de lésion de plus des 7/12 ; la loi l'établit implicitement dans l'art. 1681. Nous croyons qu'il faut étendre cela aux actions en nullité pour cause d'erreur, de violence ou de dol. On l'a contesté dans ce dernier cas ; mais l'argumentation de nos adversaires (1) repose tout entière sur cette idée que le dol, bien que pratiqué par l'une des parties, n'est pas un vice du consentement. Or, la loi dit positivement le contraire (art. 1109). Mais, en même temps que ces actions ont un caractère réel, elles ont aussi un caractère personnel, car le demandeur en nullité ne soutient pas seulement qu'il est resté propriétaire de la chose ; il soutient encore que l'acquéreur est personnellement, en vertu du contrat lui-même, obligé de la lui restituer. Lors donc que l'action en nullité sera dirigée contre l'acquéreur, elle sera mixte, et comme telle, l'art. 59, C. pr. c. lui sera applicable. Nous croyons qu'il faut appliquer à toutes les actions en nullité les art. 1668-1672, que l'art. 1685 étend déjà du cas de réméré au cas de rescision pour lésion. Si donc plusieurs copropriétaires d'un immeuble le vendent en bloc à un même acheteur, par un seul et même contrat, et que celui-ci emploie la violence, le dol, à l'égard de tous, comme chacun n'a, en réalité, vendu que sa part dans l'immeuble, et comme une action est divisible quand elle a pour objet une chose divisible, chacun des copropriétaires ne peut exercer l'action en nullité que pour sa part (art. 1668). Il en est de même si celui qui a vendu seul un héritage a laissé plusieurs héritiers. Chacun de ces cohéritiers ne peut exercer l'action en nullité qu'en proportion de

(1) MM. Duranton (t. X, n° 180) et Valette.

sa part héréditaire (art. 1669). Mais l'acheteur ne peut être forcé de garder une partie de l'immeuble en abandonnant l'autre. Il a acheté, non pas des fractions, qui peut-être n'atteindraient pas le but qu'il s'est proposé en achetant, mais un corps indivisible; en conséquence, il peut dire aux vendeurs : « Accordez-vous ensemble pour reprendre le tout, sans quoi je ne rendrai rien. » Mais c'est là une faculté dont il peut ne pas user (art. 1670). 2e cas. Plusieurs copropriétaires d'un immeuble l'ont vendu à un même acheteur, soit séparément, soit même conjointement; le contrat porte alors que chacun a vendu sa part, son tiers, son quart. La violence ou le dol a été exercé vis-à-vis de chacun. Il y a alors autant de ventes distinctes qu'il y a de copropriétaires; en sorte que l'un peut exercer l'action en nullité, et l'autre ne la point exercer. L'acheteur, qui est tenu de conserver des fractions, ne peut pas s'en plaindre, puisqu'en réalité il n'a acheté que des fractions (art. 1671). Supposons qu'il n'y a qu'un vendeur et qu'un acheteur; celui-ci a employé vis-à-vis du vendeur le dol ou la violence. Il meurt en laissant plusieurs héritiers. Divers cas sont à considérer : 1° les héritiers n'ont pas encore partagé l'objet; le vendeur exerce alors son action contre chacun d'eux pour sa part héréditaire. 2° Il est partagé, et chacun d'eux a dans son lot une fraction de l'objet; le vendeur exerce son action contre chacun pour la portion qui lui est échue. 3° Il est tombé tout entier dans le lot de l'un d'eux ; l'action peut être intentée pour le tout contre l'héritier qui possède l'objet (art. 1672).

Le décret du 28 février 1852 sur le crédit foncier s'applique aux actions en rescision, comme aux actions en nullité (art. 8 2°).

La défaillance de la condition résolutoire affectant un contrat annulable s'accomplit par la renonciation expresse ou tacite au droit de demander la nullité. C'est ce qu'on appelle la ratification. Parlons d'abrd de la ratification tacite. Elle ne peut avoir lieu qu'à partir du moment où a cessé le vice qui donne lieu à l'action en nullité (art. 1338, 2e alin., 1304, 2e et 3e alin). Il y a ratification tacite si le contrat est exécuté volontairement par l'aliénateur à un moment où le vice a cessé. (Art. 1338, 2e alin.) Il y a encore ratification tacite si l'aliénateur, après avoir découvert l'erreur ou le dol, etc., consent des droits réels sur la chose qu'il a aliénée (art. 1338, 3e alin.), ou s'il laisse s'écouler dix ans sans réclamation à partir du jour où l'erreur, le dol ont été découverts, etc... (art. 1304). Nous croyons que l'art. 1304 établit une véritable prescription, et non pas seulement un délai préfix et invariable. En conséquence, toutes les causes de suspension de prescription lui seront applicables. Dans le cas de vente d'un immeuble avec lésion de plus des 7/12es, la prescription de l'action en rescision est réduite à deux ans, (art. 1676.) Si le contrat n'a pas été exécuté, l'aliénateur n'a pas besoin de l'action en nullité ; il lui suffit d'une exception pour repousser l'acquéreur qui viendrait demander l'exécution du contrat. Cette exception est-elle sous le Code soumise comme l'action à la prescription de 10 ans ? Nous ne le pensons pas. Le Code n'a établi nulle part la prescription des exceptions. Il faut donc suivre encore aujourd'hui la maxime de bon sens formulée par le droit Romain : *Quæ temporalia sunt ad agendum perpetua sunt ad excipiendum.* L'ordonnance de Villers-Cotterets avait abrogé cette maxime dans un cas particulier ; mais c'est précisément parce que l'ordonnance précisait et que le Code ne précise pas, que nous croyons qu'il faut dire que cette maxime est conservée dans tous les cas. La ratification expresse peut avoir lieu par une déclaration verbale, ou par un acte écrit. Si c'est par un acte écrit, cet acte sera soumis aux formes déterminées par l'art. 1338, 1er alin. Comme la ratification tacite, la ratification expresse ne peut avoir lieu que quand le vice a cessé. Elle ne peut donc jamais se produire dans le contrat lui-même. L'art. 1674 *in fin.* fait l'application de ce principe général au cas de vente avec lésion. Dans ce cas, le vendeur ne pourrait pas non plus renoncer expressément au droit d'intenter l'action en rescision postérieurement au contrat, mais avant que l'acheteur ne lui ait payé le prix. C'est que, tant que l'acheteur n'a pas payé son prix, le motif qui a fait introduire la rescision pour lésion, à savoir le manque de liberté suffisante chez le vendeur, en raison de son pressant besoin d'argent, subsiste toujours. Quels sont les effets de la ratification expresse ou tacite ? La ratification a pour effet de faire considérer le contrat comme ayant été régulier et valable dès le moment même de sa formation. Par exemple, un mineur devenu majeur ratifie une vente d'immeuble. Il reconnaît qu'il a fait cette vente étant digne de la faire. L'acheteur doit être considéré comme ayant toujours été seul propriétaire, propriétaire incommutable dès le moment du contrat. La ratification a donc un effet rétroactif. L'art. 1338 ne nie pas cet effet rétroactif, il y apporte seulement une exception lorsqu'il dit que la ratification a lieu sans préjudice du droit des tiers. Ces tiers, ce sont ceux à qui l'aliénateur a cédé en tout ou en partie le droit d'exercer l'action en nullité. Par exemple, avant la ratification, le mineur consent valablement une hypothèque sur la chose aliénée ; cet acte implique nécessairement l'intention de se prévaloir de la nullité. Le mineur ne pourra pas revenir sur son intention au préjudice du tiers. L'action en nullité, ayant été cédée partiellement à ce tiers, ne pourra plus être cédée par le mineur à son acheteur que pour le reste. Faut-il transcrire l'acte de confirmation ? Non sans difficulté, si cette ratification intervient *rebus integris. Qui confirmat nihil dat.* Mais si elle a été précédée d'un acte indiquant l'intention de se prévaloir de la nullité? M. Mourlon dit : il faut transcrire l'acte de confirmation. M. Flandin ne l'admet pas : de deux choses l'une; ou bien l'acte primitif fait en minorité est transcrit, ou bien il ne l'est pas. S'il ne l'est pas, toute hypothèque établie sur l'immeuble et inscrite, qu'elle soit établie antérieurement ou postérieurement à la ratification, doit être respectée par l'acquéreur. Qu'est-ce que l'acquéreur doit faire transcrire pour arrêter le cours des inscriptions sur l'immeuble? C'est l'acte de vente ; il pourra, s'il le préfère, faire transcrire l'acte de ratification, parce que, aux termes de l'art. 1338, cet acte doit contenir les conditions du contrat primitif. Si l'acte primitif est transcrit, les tiers ne traiteront plus avec le mineur devenu majeur, ou bien ils traiteront à leurs risques et périls, puisqu'ils savent qu'ils seront évincés si la ratification intervient. La ratification n'est pas à transcrire : les droits consentis sur la chose par le mineur devenu majeur devront disparaître, qu'ils soient antérieurs ou postérieurs à la ratification, qu'ils aient été publiés ou non. Si la ratification est antérieure à la concession de l'hypothèque, nous admettons avec M. Flandin que cette hypothèque ne vaudra pas, même inscrite, et la ratification non transcrite. Mais si la ratification est postérieure à l'hypothèque inscrite, il nous paraît bien difficile de faire disparaître celle-ci. Le créancier hypothécaire est devenu cessionnaire de l'action en nullité ; bien que la dernière transcription fût au nom de l'acquéreur, et non à celui du mineur, il aurait triomphé en intentant l'action en nullité. Mais la conclusion de M. Flandin est néanmoins logique : l'acte de ratification n'a pas besoin d'être transcrit, parce qu'il n'est que l'affranchissement de la condition résolutoire qui pesait sur la propriété de l'acquéreur. Dans notre opinion, il faudra respecter les droits des tiers intervenus depuis la majorité jusqu'à l'acte de ratification ayant date certaine, pourvu qu'ils aient été publiés, et les droits intervenus postérieurement à la ratification devront être effacés dans tous les cas, quand même ils auraient été publiés.

Nous ne nous occuperons pas de l'action Paulienne ou révocatoire. Selon nous, l'action que l'art. 1167 confère aux créanciers est une simple action en indemnité, dont l'effet est bien de faire rentrer la chose aliénée dans le patrimoine du débiteur, mais d'une manière relative et sans que la révocation puisse profiter en principe aux créanciers postérieurs à l'aliénation.

III. Legs de propriété. — La condition résolutoire peut affecter le droit au legs lui-même, et indirectement le droit de propriété qu'il confère, ou bien n'affecter que ce droit de propriété. Premier cas. Je lègue ma maison à Titius ; si tel événement arrive, ce legs sera révoqué. Deuxième cas. Je lègue à Titius la propriété de ma maison ; ce droit de propriété sera résolu si tel événement arrive.

Premier cas. — La condition résolutoire affectant le legs peut être une condition résolutoire proprement dite, ou une *conditio legis* résultant de l'apposition d'un mode.

1° *Condition résolutoire proprement dite.* — La condition résolutoire ne suspend ni le droit au legs ni l'exécution du legs. En conséquence, il suffira au légataire d'être vivant et capable au jour de la mort du testateur ; c'est ce qui résulte implicitement de l'art. 1040. Le légataire pourra, à partir de ce jour, transmettre son droit à ses héritiers ou ayants-cause. Il pourra former immédiatement sa demande en délivrance, et faire courir les fruits ou intérêts à son profit. Celui qui doit profiter du legs au cas où la révocation aurait lieu, étant créancier sous condition suspensive, pourra faire tous actes conservatoires en vertu de l'art. 1180. Il pourra consentir sur la chose léguée des droits réels soumis à la même condition suspensive que son propre droit. La condition résolutoire vient-elle à défaillir, ces droits sont anéantis ; le légataire demeure propriétaire incommutable. La défaillance de la condition se produit nécessairement par la perte totale de la chose survenue *pendente conditione :* l'événement prévu par le testateur vînt-il plus tard à se réaliser, la résolution ne pourrait pas prendre naissance faute d'objet. Toutefois, le légataire devrait en ce cas restituer les restes et accessoires de la chose qui auraient survécu. La condition résolutoire vient-elle à s'accomplir, le légataire ou ses héritiers doivent restituer la chose. Ils sont considérés comme n'ayant jamais été propriétaires ; au contraire, celui qui devait profiter de la révocation et ses héritiers sont considérés comme ayant été propriétaires du jour du décès du testateur. Nous renvoyons pour les détails à ce que nous avons dit sur les contrats.

2° *Mode*. — Je suppose que le testateur a dit : je lègue ma maison à Titius, à charge par lui de fournir des aliments à mes héritiers. Il ne peut y avoir lieu ici qu'à la résolution judiciaire de l'art. 1184, que l'art. 1046 déclare formellement applicable à cette matière, en renvoyant à l'art. 954. La révocation du legs pour inexécution des charges peut être demandée par toute personne qui doit en profiter. La présence d'un exécuteur testamentaire ne devrait pas l'en empêcher. Incontestablement ici le légataire qui a accepté le legs peut être contraint directement à exécuter les conditions. Le droit de le poursuivre de ce chef appartiendrait même aux personnes qui n'ont pas le droit de demander la résolution. Il faudra se montrer plus facile pour l'exécution du mode qu'en matière de contrats, parce qu'ici l'esprit de libéralité prédomine.

Conditions résolutoires dérivant de la loi, communes a tous les legs. — A. *Répudiation du légataire.* — Elle peut être expresse ou tacite. Expresse, elle n'est soumise à aucune forme spéciale. Elle est tacite, par exemple, lorsque le légataire consent à la vente ou à toute autre disposition que l'héritier fait de la chose léguée, ou lorsque, héritier en même temps que légataire sans dispense de rapport, il accepte la succession. (Art. 843, 845 C. N.) Le légataire ne peut accepter pour partie et répudier pour partie ; mais s'il s'agit de deux legs distincts faits au même légataire, nous croyons qu'il pourra toujours accepter l'un et répudier l'autre. Suivant le droit Romain, il ne l'aurait pas pu si l'un des legs avait été fait sous certaines charges (1). Cette restriction ne doit pas être admise aujourd'hui ; le testateur, en faisant deux legs distincts, a manifesté l'intention de réserver au légataire une appréciation distincte sur chacun d'eux. Supposons que le légataire est mort, et que ce sont ses héritiers qui ont à accepter ou à répudier le legs. Comme le principe est la division des droits entre les héritiers, et que nous n'avons pas ici de texte analogue à l'art. 782, il faut décider que chacun pourra accepter ou répudier pour sa part. Le légataire peut-il encore accepter après avoir répudié ? Oui, si les choses sont

(1) L. 5 pr. et § 1 D. de legat. 2°, L. 22 D de fideicomm. libertat. (40, 5).

encore entières, c'est-à-dire si les personnes qui doivent profiter de la répudiation du légataire, n'ont pas encore manifesté leur intention d'en profiter. Non, dans le cas contraire. Peut-il répudier après avoir accepté ? Oui, à moins que le legs n'ait été fait avec charges. Certaines personnes ont alors un droit acquis à l'exécution des charges, droit sanctionné par une action en justice, et auquel le légataire ne peut porter atteinte par son fait. La répudiation serait annulable pour incapacité, violence, ou dol, par quelque personne qu'il eût été pratiqué. Le serait-elle pour erreur, dans le cas où un héritier, ignorant le testament par lequel le testateur lui a légué sans dispense de rapport une somme plus forte que sa part héréditaire, a accepté la succession ? Nous croyons avec la Cour de cassation (1) que cette répudiation tacite est rescindable, ou plutôt qu'il n'y a pas eu répudiation : on ne renonce pas à ce qu'on ne connaît pas. Les créanciers du légataire peuvent accepter le legs à sa place, en vertu de l'art. 1166, et indépendamment de l'exercice de l'action Paulienne. La répudiation du légataire a pour effet de rendre le legs caduc (art. 1043) ; nous renvoyons pour les effets de la caducité à ce que nous avons dit sous la condition suspensive.

B. *Indignité du légataire.* — Tout legs est fait

(1) Cass. 18 juillet 1864.

sous la condition résolutoire : si les héritiers obtiennent la révocation pour indignité du légataire. L'art. 1046, renvoyant à l'art. 955, nous apprend que le légataire est indigne 1° quand il a attenté à la vie du testateur; 2° quand il s'est rendu coupable envers lui de sévices, délits ou injures graves. L'art. 1047 ajoute implicitement à ces causes d'indignité l'injure à la mémoire. Pendant combien de temps l'action peut-elle être exercée? Dans le cas où l'indignité résulte de l'injure à la mémoire, l'art. 1047 dit expressément qu'elle devra être intentée dans l'année du délit. Ce qu'il faut un peu corriger, en disant que le point de départ du délai sera non pas le jour du délit, mais le jour où les héritiers en auront eu connaissance. Tout le monde convient que, si le testament était demeuré inconnu à l'héritier, l'action ne serait pas prescrite. Si son ignorance lui sert dans ce cas, pourquoi ne lui servirait-elle pas dans les autres ? Mais *quid* quand l'action en indignité est fondée sur toute autre cause ? Nous croyons que la durée de l'action n'est toujours que d'un an. La loi n'entre dans aucun détail sur la révocation des legs pour cause d'ingratitude ; elle se réfère à l'art. 955 ; c'est se référer implicitement à l'art. 957. Mais, nous dit-on, l'art. 1047 reproduit la règle de l'art. 957, et il ne la reproduit que dans un cas particulier ; c'est donc qu'il entend ne l'appliquer qu'à ce cas particulier. Mais si l'art. 1047 n'a reproduit la formule de l'art. 957 que dans un cas, c'est parce qu'elle ne se trouvait absolument exacte que dans ce cas : dans le 1° et le 2° de l'art. 955, le délit a lieu avant la mort du gratifiant ; on ne peut donc pas dire, en transportant cela à la manière des legs : l'action devra être intentée dans l'année du délit, ou de la connaissance du délit, peu importe. Il faut avant tout que le testateur soit mort. La formule exacte serait alors : l'action devra être intentée dans l'année à partir du décès, ou, si les héritiers ne connaissent pas le délit, du jour où ils en auront eu connaissance. La loi ne s'est pas donné la peine de modifier ainsi la formule de l'art. 957 ; elle l'a reproduite purement et simplement dans le seul cas où elle demeurait exacte, parce que le délit avait lieu nécessairement après la mort du testateur ; mais précisément, en appliquant la règle de l'art. 957 à ce nouveau cas d'indignité qu'elle venait de créer, elle a montré qu'elle la considérait comme la règle générale. Si le legs était soumis à une condition suspensive, le délai d'un an ne devrait courir qu'à partir de l'arrivée de la condition. Même après la prescription de l'action, nous pensons que l'héritier pourra repousser par une exception le légataire qui demanderait la délivrance de son legs. Si l'héritier avait délivré le legs en connaissance de cause, il ne devrait plus être admis à intenter l'action en indignité. Le légataire pourra écarter l'action en prouvant par tous les moyens possibles que le testateur lui a pardonné. La révocation ne peut être demandée que contre le légataire et non contre ses héritiers, (arg. d'anal. tiré de l'art. 957) ; cela résulte, du reste, suffisamment du caractère de l'action, qui est une action pénale. La résolution prononcée en justice opère seulement *ex tunc*, et non pas *ex nunc*. Les fruits ne sont dus par le légataire que du jour de la demande. Il n'y a aucune rétroactivité ; tous les droits consentis aux tiers par le légataire avant le prononcé du jugement sont maintenus ; il n'y a pas à appliquer ici la disposition de l'art. 958.

2e *cas*. — Un legs pur et simple confère au légataire un droit de propriété résoluble sous condition. La condition accomplie agit de plein droit avec l'effet rétroactif ordinaire.

Un exemple remarquable de ce deuxième cas est le legs fait à charge de substitution. Le droit de propriété du grevé est résoluble sous la condition : s'il existe des appelés au jour de l'ouverture de la substitution. Mais, avant d'examiner ce qui se passe à ce moment, nous devons passer en revue plusieurs événements antérieurs qui peuvent opérer la défaillance ou l'accomplissement de la condition résolutoire affectant le droit de propriété du grevé. 1er *événement. Renonciation du grevé,* prévue par l'art. 1053. L'abandon du grevé au profit des appelés peut avoir été fait avant toute jouissance ; il peut être un refus d'acceptation, ou bien l'abandon d'une jouissance commencée. 1er cas. Le legs passera directement sur la tête des appelés. Seulement, le recueillent-ils pour eux seuls, ou bien à la charge de faire une part aux enfants à naître, à titre de substitution vulgaire, ou à titre de substitution fidéicommissaire prématurée? M. Duranton dit que le legs est éteint pour la substitution fidéicommissaire par le refus d'acceptation du grevé. M. Troplong dit que les appelés recueillent à titre de substitution fidéicommissaire. Cette opinion est seule acceptable : la répudiation du grevé ne peut ni nuire ni profiter aux appelés. Avec le système de M. Duranton, il n'y a rien à faire transcrire, car il y a simple refus d'acquérir. Au contraire, dans notre opinion, les appelés doivent faire transcrire le testament, pour montrer qu'ils ne sont propriétaires qu'à condition de faire une part aux survenants, et de survivre au grevé. Mais le grevé, lui, ne sera pas tenu de faire transcrire. Les appelés feront bien encore de faire transcrire l'acte de renonciation du grevé. *Quid* si le grevé n'a pas d'enfants au moment de la mort du testateur? Dans le système de M. Duranton, il renonce au legs, et prend toute la succession en qualité d'héritier. Mais, dans notre opinion, sa propriété quant à la chose qui faisait l'objet du legs ne sera toujours que conditionnelle : quand il lui naîtra un enfant, cet enfant deviendra immédiatement propriétaire. 2me cas. Il y a renonciation après acceptation. C'est pour les appelés un cas d'ouverture provisoire de la substitution. Ils s'empareront des biens substitués, et devront faire transcrire le testament avec la clause de substitution. On doit ici faire transcrire la renonciation du grevé, car c'est une véritable transmission. Cette transcription devra être faite ici par le grevé lui-même, car il a accepté. Il a été grevé, et autrement la renonciation pourrait nuire aux appelés. 2me *événement. Renonciation des appelés.* Les appelés, eux aussi, peuvent renoncer, que la substitution soit ouverte, ou qu'elle ne le soit pas, et, dans ce dernier cas, ils le peuvent même avant le décès du testateur. 1er cas. Il faut faire transcrire cette renonciation ; en outre on ferait bien de la mentionner en marge de la transcription du testament. 2me cas. Les appelés renoncent après l'ouverture de la substitution à leur profit, et avant toute acceptation expresse ou tacite de leur part. Cette renonciation est purement extinctive du droit des appelés ; il n'y aura pas lieu à la faire transcrire, ni à la faire mentionner en marge de l'acte de substitution. Qui va profiter de cette renonciation des appelés ? Les appelés eux-mêmes, s'ils acceptent la succession de leur père. Le seul effet de leur renonciation est alors de consolider tous les droits créés par le grevé. Si le disposant a fixé pour époque de l'ouverture de la substitution, non pas la mort du grevé, mais un terme ou l'événement d'une condition, la renonciation des appelés profitera au grevé lui-même, sans que les biens soient désormais grevés de substitution envers les enfants qui pourraient lui naître, parce qu'ici la disposition ne peut être faite qu'aux enfants conçus lors de la mort du testateur. Si les appelés renoncent, et que le grevé ait aussi renoncé, l'acte tombe tout entier : les biens reviennent aux héritiers *ab intestat* du testateur. 3me *événement. Déchéance du grevé.* Nous renvoyons à ce que nous avons dit sur la donation faite à charge de substitution; les principes sont absolument les mêmes.

Supposons que la condition résolutoire qui affecte la propriété du grevé s'accomplisse par suite de l'existence et de l'acceptation des appelés au jour de l'ouverture de la substitution. Le grevé est réputé n'avoir jamais été propriétaire. Ce n'est pas de lui que l'appelé tient les biens qu'il acquiert : il les tient du disposant lui-même. L'appelé les reçoit donc francs et quittes de tous droits consentis sur eux par le grevé, sauf les restrictions que nous avons indiquées en parlant de la donation, et que nous n'avons pas besoin de reproduire ici.

IV. PRESCRIPTION. — Même en admettant que la prescription est bien un mode d'acquérir la propriété, il ne faut pas dire que la renonciation à une prescription invoquée constitue une condition résolutoire de ce mode de translation de la propriété. En effet, la renonciation à une prescription invoquée ne peut être qu'une simple reconnaissance du droit d'autrui, ou bien une véritable rétrocession.

Celui qui a reçu une chose mobilière en devient immédiatement propriétaire, quand même celui qui la lui a livrée ne l'était pas. Mais si la chose a été perdue ou volée, et si on est encore dans les trois ans de la perte ou du vol, celui qui la reçoit n'en devient propriétaire que sous la condition résolutoire de la revendication de celui qui a été victime de la perte ou du vol. (Art. 2279.)

TABLE DES MATIÈRES

DROIT FRANÇAIS.

POSITIONS.

Droit Romain.

I. Celui à qui l'on a fait tradition d'une chose pour en devenir propriétaire sous condition suspensive, a, *pendente conditione*, la *possessio ad interdicta*.

II. Aucun texte du Digeste ou du Code n'autorise à penser que le retour *ipso jure* de la propriété à l'aliénateur, dans le cas où une condition résolutoire apposée à une tradition ou à un legs vient à s'accomplir, n'ait pas été un principe toujours universellement admis ; du moins en dehors de la matière des donations à cause de mort, où l'exception se justifie par une particularité de cette institution.

III. L'événement de la condition résolutoire a un effet rétroactif.

IV. La *conditio ex mera pœnitentia* n'a lieu que dans les contrats *do ut facias* qui présentent de l'analogie avec le mandat.

V. La L. 19, § 1 D. *de condict. indeb* (12, 6) n'est pas en opposition avec la L. 5 C. *de hered. petit.* (3, 31). La conciliation se trouve dans la L. 17 D. *de hered. petit.* (5, 3).

VI. La *gens* est la famille ayant encore son organisation primitive et son unité.

Droit Français.

1. En cas de promesses synallagmatiques de vente, il y a vente, c'est-à-dire qu'il y a un contrat parfait, obligatoire, et dès à présent translatif de propriété.

2. En cas de promesse unilatérale de vente, il y a transport de propriété sous condition suspensive.

3. Le débiteur d'un contrat qui transfère au créancier la propriété d'une chose sous condition suspensive, ne doit pas rendre à celui-ci, si la condition se réalise, les fruits perçus *pendente conditione*.

4. L'acceptation que la femme fait du remploi a un effet rétroactif absolu.

5. Le légataire sous condition suspensive doit être vivant et capable au jour du décès du testateur.

6. Dans le cas où la prescription suppose un

titre, elle peut être invoquée, depuis la loi du 23 mars 1855, sans que ce titre ait été transcrit.

7. L'aliénateur, débiteur d'une dette hypothécaire, rentrant en possession de sa chose par l'événement d'une condition résolutoire, ne peut se prévaloir de la prescription ou de la purge opérée par l'acquéreur.

8. Celui qui a fait une donation avec charges, peut poursuivre directement l'exécution des charges contre le donataire.

9. La clause par laquelle les parties conviendraient que leur contrat sera résolu de plein droit pour inexécution des engagements, sera inutile et ne pourra donner à la résolution d'autres caractères et d'autres effets que ceux attribués à la résolution judiciaire par l'art. 1184 ; la clause par laquelle elles conviendraient de résoudre leur contrat pour toute autre cause et de remettre les choses au même état qu'auparavant, devra être considérée comme une véritable rétrocession.

10. L'action en indignité contre le légataire, sur quelque cause qu'elle soit fondée, est toujours prescrite par un an à partir du décès du testateur ou à partir du jour où les héritiers auront eu connaissance de l'ingratitude.

11. Le privilége du voiturier est fondé sur la plus-value donnée à la chose.

12. La femme qui abandonne le domicile conjugal peut y être ramenée *manu militari*.

13. La pension alimentaire annale accordée à la femme dotale par l'art. 1570, 2e alin., lui est due dans tous les cas, qu'elle ait droit ou non aux intérêts d'une dot mobilière, mais seulement si elle est dans le besoin.

14. La communauté est un produit naturel des mœurs, qui ont, sur le sol Français, modifié les lois barbares qui partageaient entre les deux époux une certaine masse, produit de leur collaboration.

Droit criminel.

1. Une personne prémédite d'en assassiner une autre ; elle se trompe, et tue une autre personne que celle qu'elle voulait frapper. Cette personne est coupable d'un *assassinat* consommé ; mais elle n'est coupable que de cela, et ne saurait être en outre accusée d'une tentative d'assassinat, laquelle n'aurait manqué son effet que par des circonstances indépendantes de la volonté de son auteur.

2. La solidarité de l'art. 55, C. P. est une solidarité parfaite.

Droit public.

1. La loi du 23 mars 1855 régit l'expropriation pour cause d'utilité publique.

2. Les actes constitutifs de servitude réelle, à titre onéreux ou à titre gratuit, ne sont soumis, pour leur transcription, à aucun droit proportionnel, mais seulement au droit fixe de 1 fr.

Vu par le Professeur Président de la thèse,
Nancy, le 15 mai, 1868,
VAUGEOIS.

Vu par le Doyen de la Faculté,
Nancy, le 18 mai 1868,
Ph. JALABERT.

Vu et permis d'imprimer,
Nancy, le 19 mai 1868,
L'Inspecteur d'Académie,
chargé de suppléer le Recteur en congé,
E. MAGGIOLO.

Nancy. — Typographie A. LEPAGE, Grande-Rue (Ville-Vieille), 14.

www.ingramcontent.com/pod-product-compliance
Ingram Content Group UK Ltd.
Pitfield, Milton Keynes, MK11 3LW, UK
UKHW020111200726
13856UKWH00002B/492

9 782011 916198